幸せを呼ぶ暗号

はじめに

人間は、誰もがみんな、幸せを求めています。

幸せになりたいと願いつつ、学び、働き、生きています。

なのに、なぜか幸せはなお遠くにあり、ともすれば苦しみ、悲しさ、寂しさに襲われがちです。いったい、なぜなのでしょうか。

こんな詩がありました。


「山の彼方の　空遠く　幸い住むと　人のいう」


どうやら幸せは、いくら追い求めて行っても、なおも山の向こうに遠のいて行ってしまうもののようです。

しかし、「これが人生というものさ」と諦めてしまってはいけません。

なぜなら、それは「青い鳥」のように、すぐ近くに、あるいは自分の中に住んでいるものかもしれないからです。

そうです。幸せはすぐ近くにあり、実は自分の中に住んでいるというのに、私たちは「どこか遠くにあるもの」と思い込んでいました。

そしてそれを得るために、勉強に励み、いい仕事に就き、お金を貯めて、幸せになろうと、必死でもがいてきました。

その結果、はたしてこの社会は、世界は、どうなったのでしょうか。

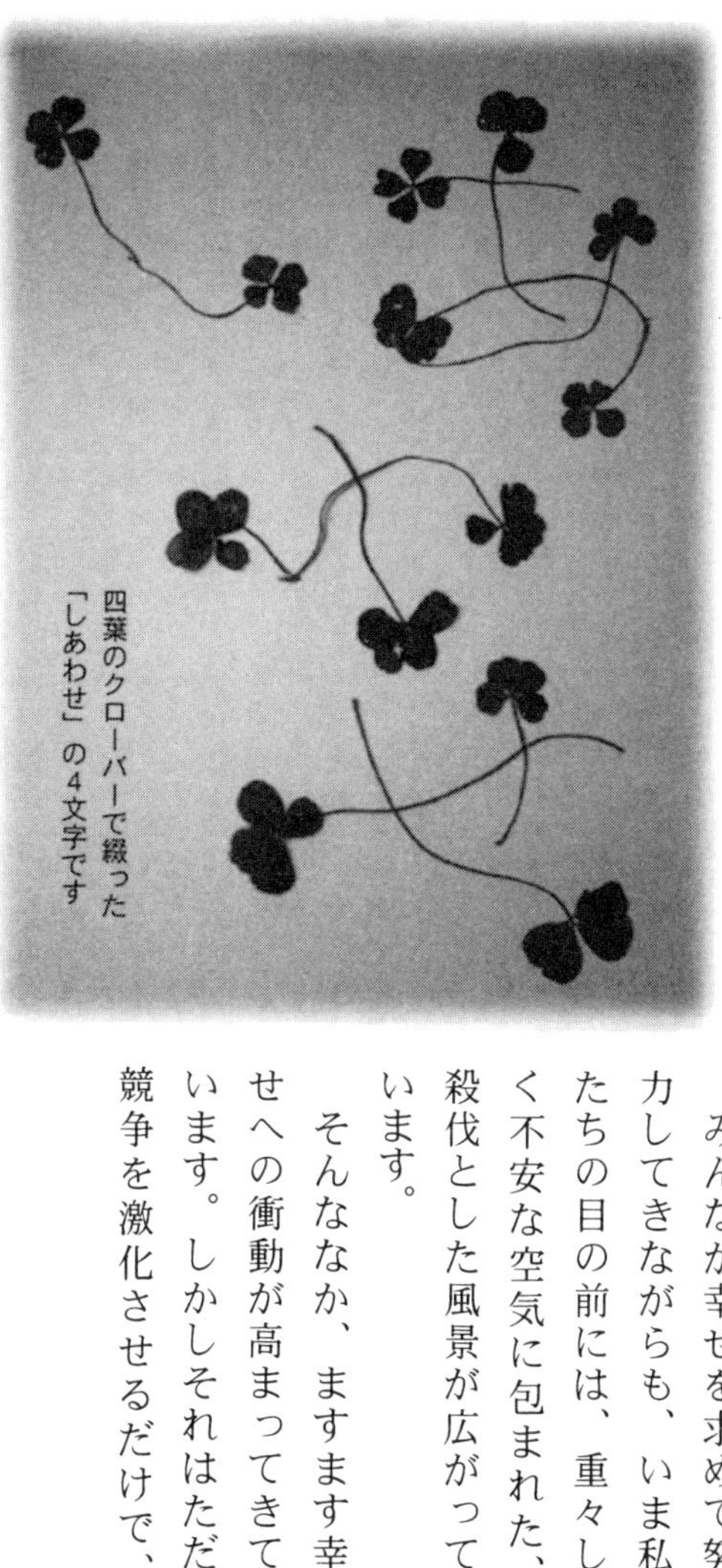
四葉のクローバーで綴った「しあわせ」の4文字です

みんなが幸せを求めて努力してきながらも、いま私たちの目の前には、重々しく不安な空気に包まれた、殺伐とした風景が広がっています。

そんななか、ますます幸せへの衝動が高まってきています。しかしそれはただ競争を激化させるだけで、自己中心的、刹那的なものになり始めています。このままでは、幸せはますます「山の彼方」に遠のいて行ってしまうことでしょう。

「人間は、誰もが幸せを求めている」ということの事実は、それが人間に最初からインプットされた「生のプログラム」と考えることもできます。

しかしこのプログラムには、どこかに何らかのバグがあるらしく、「幸せ実現」への道（機能）が、すっかり閉ざされてしまっている感じです。

となれば、私たちに必要なことは「内なる（心の）バグの修正」をして、人間に本来宿されている「幸せ達成のパワー」を蘇らせることです。

この本は、そんな視座から企画されたもので、目的は「パワー回路のスイッチオン」、そしてそのための具体的な方法論をご紹介します。

こんなふうに書くと、この本の内容があたかも筆者の発見であるかのような印象を与えてしまいますが、実際はそうではありません。

今回のこの本で取り上げているのは、ユングのいう「集合無意識」の世界の働きとその活用法であり、この不思議で素晴らしい働きを裏付けるために、いくつかの最新科学の成果を参考にさせていただきました。

「集合無意識」の世界に関しては、古くからすでにさまざまな紹介がなされてきています。しかしその多くが、ともすれば神秘的すぎて、なかなかすんなり理解できるものでもありませんでした。

この『幸せを呼ぶ暗号』では、意識と言葉（波動）の重要さに触れています。実際、「ツイてるなぁ、ありがたいなぁ、幸せだなぁ、嬉しいなぁ」と繰り返しつぶやいているだけでも、不思議と幸運がやってくるものです。

でも、それはいったい、なぜなのでしょうか。

本書では、そのメカニズムについて科学的に考えながら、「幸せ実現」にとても効果的な「暗号」の一つを紹介してみました。誰の中にも潜んでいるその素晴らしいパワーを、ぜひ発揮していただきたいと願うからです。

もちろんこれがすべてで、絶対というものでもないと思います。しかし少なくてもこの簡単な暗号を使うことによって、きっと希望あふれる未知の世界を垣間みることができるのではないかと思います。

２００４年12月

稲田　芳弘

When? いま（そして明日のために）

Where? ここ（そして日本と世界で）

イラスト：中村国昭

序章（思いつくままのモノローグ）

人は時々、信じられないような力を発揮します。

「火事場のバカ力（ちから）」というのがあります。
ずっと昔、ぼくがまだたしか中学生くらいのころ、
家が家事になりそうになったことがあって、
みんなで大騒ぎをしたことがありました。

騒ぎが終わって、屋根の上を見たら、な、なんと、
そこに水の入った大きなバケツが置いてありました。
いったい、誰があんなところに上げたのか？
じつは、祖母が一人で持ち上げていたのでした。

たとえ大の男であったとしても、
水の入ったバケツを屋根にまで運び上げるのは大変なことです。
なのに、それを祖母がたった一人で上げていたのでした。
いったい、老いた祖母の体の、どこにそんな力が潜んでいたのでしょうか。

★

「イワシの頭も信心から」という言葉があります。
どんなものでも、それをありがたく信じきって必死で拝み頼めば、
ちゃんとそれなりのご利益があるという意味です。
が、それは、イワシの頭が授けてくれるご利益なのでしょうか。

学生時代、川崎のドヤ街で夏休みを過ごしたことがあります。
そのとき、同じ宿に、仲良くしていた初老の人がいました。
彼はどんな歴史学者にも負けないくらいに博学な歴史の研究家で、
ぼくは工場での肉体労働の後、毎日喜々として話に聞き入りました。

夏休みが終わってからも、東京から手紙を送って交流していました。
ある日その人から、病気がひどくなって死にそうだという便りが届きました。
すっかり驚きあわてたぼくは、大急ぎで彼の住むドヤを訪れてみました。
そしたら、思っていたよりも元気に微笑んで迎えてくれたのです。

彼（山崎藤蔵さん）は、ぼくにこう言いました。
「あんたからもらった手紙を、苦しいところにじっと当てていたら、
不思議と痛みがとれて、気持ちが安らぎ、元気が出てきたんだ。
ほら、このとおり。もうなんとか起きられるようになったんだよ」

ぼくが送った手紙もどうやら「イワシの頭的な効果」があったようです。
死ぬんじゃないかと思うほど苦しく、孤独な日々のなかにあって、
山崎さんは、いつも必死でぼくの手紙を抱きしめていたようです。
痛みをとり、元気にしてくれたのは、山崎さんの思いそのものでしょう。

自分自身のこれまでの日々をちょっと振り返ってみるだけでも、
このような不思議な出来事が、他にもいっぱい記憶に蘇ります。
そのいずれも、常識では考えられないものを孕(はら)んでいます。
その「内なるパワー」は、いったいどこからやってくるのでしょう。

★

最近では遺伝子の研究が進み、人体の神秘が解き明かされ始めています。
つい先日も、北朝鮮から持ち帰った「焼かれた骨」を分析した結果、
それが「横田めぐみさんの骨」でなかったことが判明しました。
こうして遺伝子が、いまいろんなことを教えてくれています。

遺伝子は、細胞の中の核に、それぞれ同じものが納まっています。
人体には約60兆個ほどの細胞があると言いますから、
その数にほぼ匹敵する遺伝子を、誰もがみんな持っているわけです。
そしていま、その中のたった一個から、生命体が作り出せてしまいます。

つまり、これがクローンで、最初のクローンは「羊のドリー」でした。
ドリーの場合は、ある羊の一個の乳腺細胞から誕生するに至りました。
その一個の乳腺細胞は、本来は乳腺として生きるはずでしたが、
なんと、ドリーちゃんをまるごとつくり出してしまったのです。

いったい、なぜこうしたことが起こりえるのでしょうか。
答は簡単、一個の細胞といえど、そこに生命体の全情報が宿っているからです。
しかし普通の場合、乳腺細胞は乳腺の一部として働くだけです。
ところが細胞をある状態にさらすと、生命がまるごと誕生してしまいます。

★

問題はその「ある状態」ですが、それは「栄養不良状態」に置くことです。
そんな状態の中で、あるいは細胞が必死で生きようとするからでしょうか、
それまではオフだった他のＤＮＡのスイッチが、突然オンになります。
いわば、ありふれた一個の体細胞が「受精卵」に変貌してしまうのです。

ここから分かることは、細胞の中の遺伝子が持つその偉大な可能性です。
それは状況しだいで、眠っていたＤＮＡのスイッチを入れたりもします。
そしてそれが起こったとき、乳腺細胞が体をまるごと作り出します。
生命のどんな細胞にも、そうした可能性が秘められているのです。

★

人間の脳には約１０００億個のニューロン（神経細胞）があると言われます。
また脳にはこの他に、グリア細胞というものもあって、
その数はニューロンの数十倍から数百倍もあると言われますから、
脳だけでも数兆から数十兆の細胞があることになります。

さらに脳には１０００兆ものシナプスの回路があり、
その働きともなると、まさに「宇宙的」な神秘の色を帯びてきます。
ヒトゲノムは高々３万５０００程度と言われていますから、
これだけで１０００兆のシナプス回路を設計するのは無理であるそうな。

ここまでは、遺伝子が体を作り、脳が思考するといったニュアンスですが、
最近の研究では「脳は心が生み出す子どもである」とも言われ始めています。
つまり、「心が脳を生み出して、脳を絶えず変えていく」というわけです。
(『心が脳を変える』ジェフリー・M・シュウォーツ著)

「心」とは、考えることであり、意志、決断、関心、興味、選択等々です。
その心が、膨大なニューロンやシナプスの働きに影響を与えているのです。
となると、「心っていったい何?」と、また元の疑問に戻ってしまいます。
これまでは、脳の働きが心であるかのように思われてきたからです。

★

ややこしい話になってしまいましたが、言いたいことは単純です。
要するに、人には誰にも、ものすごいパワーが眠っているということです。
たった一個の体細胞から、遺伝子が同じもう一人の自分を作り出せますし、
思いや考え、意志、選択しだいで、脳を変えてしまうこともできるのです。

そのためには、眠っているＤＮＡのスイッチをオンにすることや、
あるいは、意識のあり方と、実際に行動することがとても重要です。
それさえできれば、見違えるような自分になることが可能なのです。
問題は、いったいどうしたら、それができるのか…ということだけです。

★

「火事場のバカ力」も「イワシの頭のご利益」も、
すべて自分自身の内なる宇宙に、初めから宿っているパワーです。
そしてその力を呼び寄せ、引き出す（幸せを呼ぶ）には、
眠っているスイッチをオンにして、回路を開きさえすればいいのです。

もしもあなたが、「土壇場(どたんば)でのバカ力」を発揮したかったら、
もしもあなたが、恐るべき治癒力、免疫力を蘇らせたかったら、
そして、もしもあなたがツキと幸運に恵まれて、幸せになりたかったなら、
このまま次のページをめくって、どうか最後までお読みください。

Why:1

四葉のクローバー探し

いったい、誰が、いつ言い出したのでしょうか。「四葉のクローバーを見つけると、幸せが訪れる」と。

人は誰もがみんな幸せを願っていますから、きっとみなさんも、「四葉のクローバー」を、夢中で探したことがあるにちがいありません。

ところで、なぜ、人は幸せを求めるのでしょうか。そして幸せとは、いったいどのような状態を指して言うのでしょうか。

いわゆる「幸せ本」が本屋さんに山と積まれ、幸せ実現セミナーやサクセスセミナーが全国各地で頻繁に開催されている昨今、それは逆説的に、いまという時代が、幸せからはほど遠い状態にあることを物語っています。

たしかに、仕事でも、お金でも、また健康や人間関係でも、私たちはさまざまな問題を抱え、ストレスの多い社会に生きています。

だからこそ、なかなか見つからない四葉のクローバー探しを衝動するわけで、いまという時代は、人々の心のベクトルが、強烈に「幸せ」に向けられている時代といっても過言ではありません。

そして、この「幸せ探し」は、人類が歴史を刻んで以来ずっと続けられてきました。宗教もそのために生まれてきたのでしょうし、哲学や科学も、究極的には「人間の幸せ実現」に向かってきていたはずです。

さらには仕事も、事業も、経済も、政治も、社会システムも、そのすべてが「幸せ」を目指して進んできたはずです。なのに、現実的には「不幸せ感」

が満ち満ちています。求めれば求めるほど、なぜか遠くに遠のいていってしまう幸せな人生と社会…。それが、いま私たちの生きている偽らざる社会と時代であると、残念ながら言わざるをえません。

しかし、決して諦めてはならないと思います。なぜなら、野原に四葉のクローバーが存在しないのではなくて、ただ私たちがそれを見つける秘訣を知っていないだけだからです。それと同じように、ツキや運、富や健康、仕事やいい出会いも、実は自分自身の内側で必死で芽生えようしているにもかかわらず、ただそれが成長できないでいるだけなのです。

大切なのは、自らがその芽生えの邪魔をせず、発芽、生育の環境をしっかりと整えてあげるだけのこと。つまり内なるパワーをそのまま開放してあげさえすれば、幸せはおのずから成長し、開花、結実へと進んでいくことでしょう。

とはいっても、そのために凄まじい必死の努力や、時間や、お金がかかってしまうとしたら、それは誰にも可能な万人のためのものではありません。

それは、いままでの「幸せ本」のように、単に「特殊な少数の者たち」のためのものと言わざるをえません。

この本は、誰にでも簡単にできる「幸せ（四葉のクローバー）探し」のための秘訣を、ごく簡潔に紹介するものです。もちろんその方法（秘訣）は、筆者自身が発見したものではありません。筆者はたまたまラッキーな出会いに恵まれて、何ら努力をすることもなく、無償で知らされたにすぎません。

それだけにいまこの本を手にしておられるみなさんにも、この本との出会いが「ラッキーだった」と思っていただけるよう、心から願ってやみません。

本書は全体が4部から構成されています。まず「起」としての「Why?」では、本書を出版した目的について触れ、次の「承＝Who?」では「幸せへの方法論」を紹介してくれた鈴木公一さんのことについて書いています。鈴木さんは『能望』の著者であり、その『能望』の概要については、「転＝How?」にて紹介します。

ところで、この「能望」は、私たちを果たしてどこに誘（いざな）ってくれるのでしょうか、それについては、最後の「結＝What?」にてご案内いたします。

Why:2

四葉クローバー探しの名人

なかなか見つけることができない、四つ葉のクローバー。ところが、短時日で、下の写真のようにいっぱい見つけた人がいます。

その人は、目がいいのでしょうか。いいえ、そうではありません。

四つ葉のクローバーがいっぱい生えている場所を、最初から知っていたのでしょうか。いいえ、そういうわけでもありません。

目がいいのではなくて、勘がいいのであり、また四つ葉のクローバーの群生地を知っていたのではなく、どんな場所であっても、四つ葉のクローバーたちが呼びかける「ここにいるよ!」という囁きを直感的に聞くことができただけのこと。だからこそ、短い時日でこんなにいっぱい見つけることができたのでした。

こういう話をすると、「そんなばかな!」と笑われそうですが、名人芸とは、そういったものです。またこのようなことを、「ついてた!」とか「運が良かった」とも言いますが、たしかに人には、ツキとか運とかがあるようです。

右の写真は、実は前ページで紹介した、鈴木公一さんが近くの公園で摘んできた四葉のクローバーです。そう、鈴木さんは、なぜか「四葉のクローバー探しの名人」なのです。

ところで、いったいどうして鈴木さんは、短い時間にこんなにもたくさん

の四葉のクローバーを摘み取ることができたのでしょうか。

その秘密は、すでに書いてしまったように、必死に探したからではなく、自然に目が向いたところに生えていたので、それをただ摘んだだけ…とのこと。このことを別の友人（本書のイラスト作家）に話したところ、

「そうだよ、ぼくも意外と簡単に見つけられるよ。探すんじゃなく、確信を持って目を向けると、ちゃんとそこに生えているんだ」と言っていました。

となると、人によっては、四葉のクローバー探しは、それほど難しいものでもないのかもしれません。そして、そういった名人？たちは、みなさんともそれぞれ共通して「右脳的な人間」のようです。


右脳が開化、発達した人間は直感力に優れていると言われ、絶えず新しいアイデアがひらめいたり、物事の本質がズバリ見えてきたりします。

実際、「勘の鋭い人」というのがいて、ほんのささやかな出来事の中に、スピリチュアルなメッセージを感じとったりもします。要するに、ややこしい知識を使わずとも、問題の全体性を瞬時に認識する力に優れているのです。

その意味で、クローバー探しの名人は、「右脳が生き生きと働いている人」ということもできるでしょう。しかし、右脳的でさえあれば、誰もが何かの名人になれるというわけでもなさそうです。

大事なことは、まずその右脳が、正常に、適切に、健全に機能していることであり、さらに加えて「別な何か」の条件もまた必要であるようです。というのも、右脳的な人すべてが、決して幸せをつかみとっているわけでもないからです。

私たちが生きていくうえで、右脳が重要な役割を果たしているであろうことは分かりますが、だからといって右脳開発の努力さえすれば、万事オーケーというものでもありません。

だからこそ、ツキと幸せを呼ぶその何かが、いったい何であるかを明らかにすることが、本書の目的にもなるわけです。名人や達人は、単なる技術力のレベルを超えた不思議な能力を持っています。技術に何かが加わるとき、みんながあっと驚くようなことをやってのけてしまうのです。

Why:3

「不思議な何か」とは何か？

幸せになるための運とツキを呼び込むには、まず右脳の活性化と、それに加えて「別な何か」がさらに必要らしいと、前項で書きました。

ここでは、その「何か」について考えてみることにします。

これに関して、『パワーか、フォ

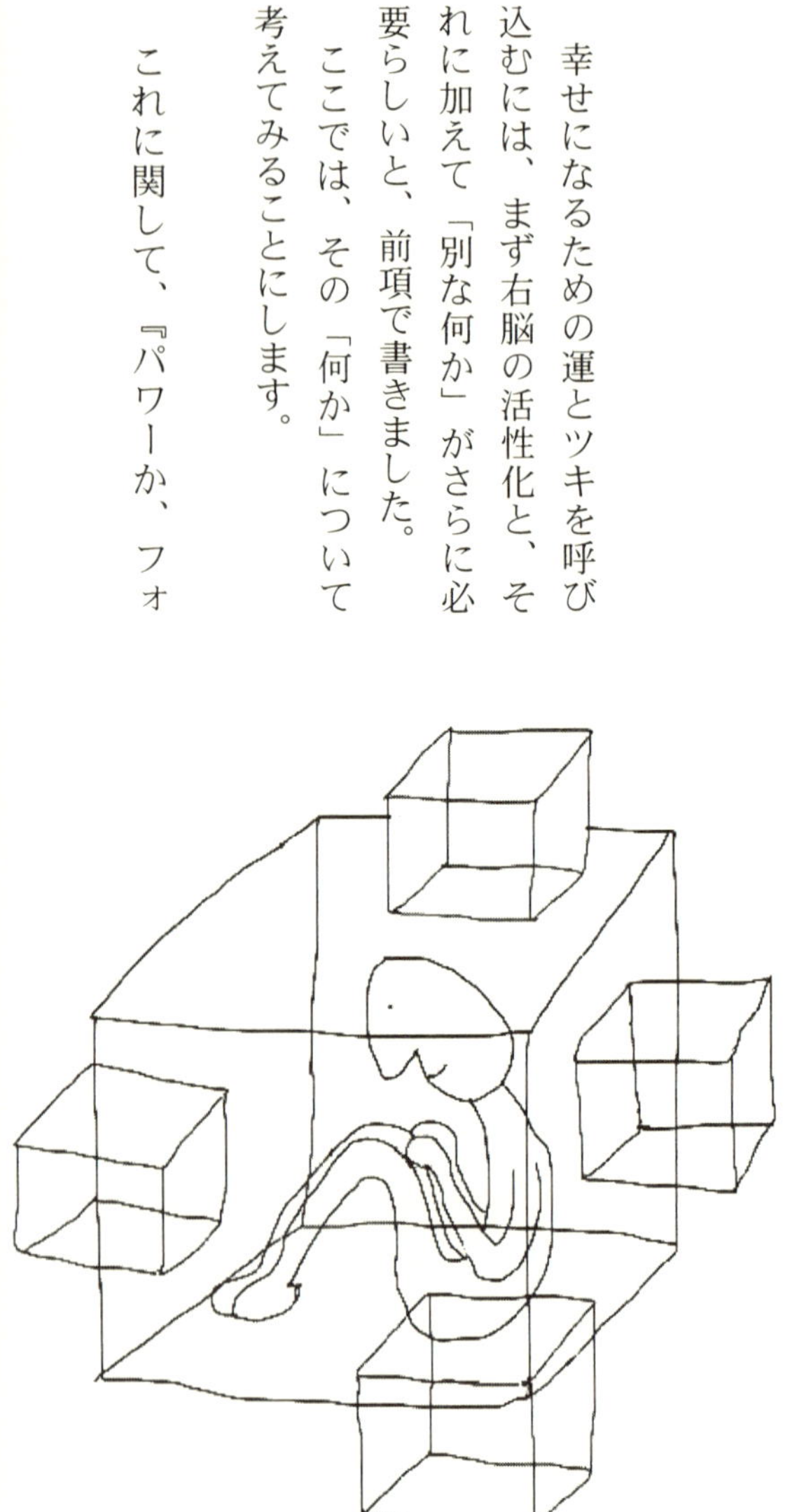

ースか』（三五館刊）の著者、デヴィッド・R・ホーキンズ博士は、「人間の脳や心の働きというのは、宇宙意識のデータベース（エネルギーフィールド）につながっている素晴らしいコンピュータのようなもの」と述べています。

しかも、このデータベースには限りない情報が含まれていると言いますから、人類が共有する「意識の源」であるこのデータベースに私たちがアクセスさえすれば、誰もが、いつでも、そこから必要なものを引き出すことができるというわけです。そして続けて言います。

「生命そのものの根源である宇宙は、非常に高度な意識を持っていて、私たちがこの一瞬一瞬に進むべき道を選択することを、宇宙は息をひそめて待っている」と。

このように言うと、どこかオカルトじみますが、しかしこの20年間で多くの理論物理学者たちは、逆にむしろ「高度な理論物理学と非物質的な宇宙との相関関係」を見いだすことに、非常に高い関心を抱いてきています。

ちなみに最先端科学である量子論や、複雑系科学、カオス理論、非平衡熱力学等々が明らかにしてきたものは、「宇宙はもはや物質のようなものではなく、むしろ心のようなもの（イメージ）になる」というものでした。

また、科学の最先端を行く宇宙物理学者アーヴィン・ラズロー博士もその著書『創造する真空（コスモス）（日本教文社刊）』で、宇宙学、物理学、生物学、意識研究等々の謎の解明に取り組み、その結果、「進化する『全体場』としてのこの宇宙は、私たちの行いや思考をすべて記録して、再び私たちにフィードバックさせている。私たちはただ全体場に浸っている別個の存在ではなく、そうした場を構成する一員であり、この全体場は、創造的に結合し、情報と記憶に基づいて進化する宇宙なのだ」と述べています。

こうして、これまで「アカシックレコード」と呼ばれてきた神秘的な世界や、カール・ユングが「集合無意識」と呼んだものが、いまや最先端科学によって少しずつ解明され、着実に裏付けられ始めているのです。

ややこしい話になりました。ここでのテーマは「四葉のクローバー探しの秘訣」でしたので、そこに戻って、天才的な能力を発揮する不思議なメカニズムについて考えてみることにします。

結論から言えば、右脳が高度に働くとき、それが「意識のデータベース」にアクセスするスイッチをオンにすると言うことができそうです。

そして、意識のデータベースにつながると、そこからひらめきやアイデアが湧き出してきます。しかもそれだけではなく、つながった意識レベルの「場」にさらされることにより、それぞれのエネルギーレベルの持つ働きの影響を受けるようになります。それだけに、私たちに何よりも大切なことは、より高いレベルのエネルギー場にアクセスすることと言えそうです。

ホーキンズ博士は『パワーか、フォースか』の中で、意識エネルギーのレベルを１０００段階に分類し、それぞれのレベルの特質を説明してくれています。これは科学的にすでに認証されているキネシオロジー（kinesiology＝身体運動学）に基づくもので、反復再現可能な科学そのものです。

以上をまとめますと、私たちがパワーを発揮するためには、パワーのその根源である「意識のデーターベース」にアクセスできなければなりません。そしてそのために不可欠なのが、「右脳の働き」ということになりそうです。

Why:4

意識のレベルは進化する

宇宙は絶えず進化し続けていま す。単純にビッグバン宇宙説を考え てみても、まずエネルギーが物質化 し、物質からやがて生命が生まれ、 そしてその生命進化の最先端の人間 に、意識なるものが顕現するに至っ た…。ここまでのプロセスは、まさ に進化の歴史そのものです。

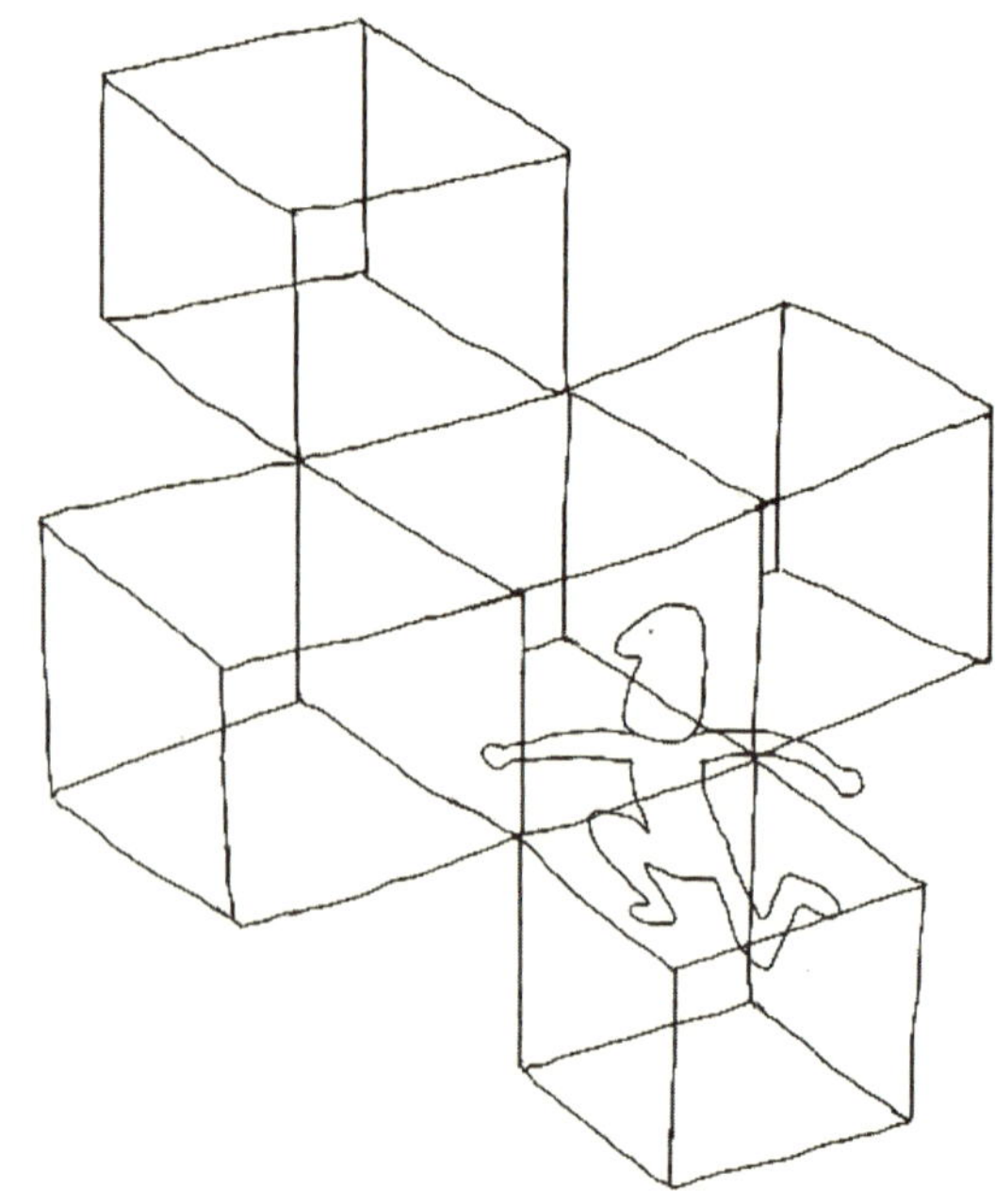

問題は、なぜ宇宙と生命が進化し続けるのかということですが、ラズロー博士は、宇宙や生命は偶然の産物などではなく、「生命や意識が持つ自己進化こそが宇宙の本質」と言います。つまり、宇宙はすべてがつながり合ったひとつの生命体であり、進化するひとつの意識体なんだというわけです。

早い話、意識を持った人間であるということ自体、ひとつの生命宇宙の一部であり、人類が共有する意識のデーターベースにつながっているということです。ただ、すでに述べたように、意識のレベルは1000段階にも及び、自分がその中のどのレベルに位置しているか、どのレベルにつながっているかで、発揮できるパワーがまるで違ってきます。だからこそ、人はその人生を通して、意識レベルを進化させる必要があるということになりそうです。

キネシオロジー（身体行動学）を使って意識レベルを1000段階に分類したホーキンズ博士は、いまや人類の進化レベルが、207に達したと言っています。が、これはあくまでも人類全体の平均値であり、そこには非常に高レベルに位置している人も、あるいは低いレベルのままの人も、いっしょにこの同じ地球、そして同じ社会に生きていることになります。

そしてそのことから、さまざまなややこしい問題が発生してきます。

ちなみに、戦争や犯罪は、言うまでもなく低レベルの意識の発露であり、これらはフォースに支配された結果と言います。フォースは破滅的な力であり、「弱さ＝死」のベクトルを持っています。これに対してパワーは創造的な力であり、「生命＝スピリット」の進化を助けます。そして、フォースからパワーに転換するポイントが、２００というレベルの数値であるようです。

以上は一般論ですが、個人においてもそれは同じです。つまりレベル２００を越えたそのときから、ポジティブなパワーが働き始めることになります。

参考までに、ホーキング博士が測定した各レベルの特性をご紹介します。

エネルギーレベル＝20：恥、30：罪悪感、50：無感動、75：深い悲しみ、100：恐怖、125：欲望、150：怒り、175：プライド、

ここまでは、「弱さ＝死」へのベクトルを持つフォースの働きです。

そして、破滅的なフォースからパワーに転換する創造的、生命的なエネルギーレベルの働きとして、200：勇気、250：中立、310：意欲、350：受容、400：理性、500：愛、540：喜び、600：平和、700～1000：エンライトメント（悟り）。

いかがでしょうか。そうです、ツキを呼び、幸せを実現していくには、高レベルの意識フィールド（データベース）にアクセスし、そのエネルギーとパワーを活用していく以外にありません。少なくてもレベル２００を越えない限り、ポジティヴでクリエイティヴなパワーを発揮することができません。

問題は、いったいどうやって高レベルのエネルギーに進化していくかということになりますが、これに関してホーキンズ博士は、こう述べています。

「そのカギは意志にあり、高レベルへのアクセスアプローチを繰り返すこと。意識を高めるために重要なことは、意欲を抱くことにあり、意欲が高まると、突如として道が開け、大きな変化が訪れる」と…。

つまり、「幸せと成功の方程式」は意識レベルの進化にあり、ポジティヴでクリエイティヴな意識（思考）こそ、その決め手ということになりそうです。

Why:5

なぜ、パワーが必要か?

ここまでは、ある意味で「すでに公然」のものと言えます。

というのも、ポジティヴであること、意識を変えること、希望と意欲を抱くこと、右脳開発等々が成功の秘訣というのは、すでに多くの「成功本」や能力開発セミナーが、共に指摘していることだからです。

しかし、成功方程式を頭で理解できても、実際にそのとおりに実践するのは非常に難しいことでした。ともすれば無理にポジティヴであろうとして、不自然な強がりになってしまい、かえってひどい結果をもたらしかねませんでした。それは、誰もが簡単にできるものではなかったのです。

と同時に、従来の「成功本」では、ともすれば悪循環の渕に引きずり込まれがちでした。そもそも「成功」という意識自体が戦いや勝敗、優劣、強弱、嫉妬感情を強く意識させ、またお金や損得に固執させてしまったからです。

戦いに勝って強者、富者になりたいという「欲望」は上昇志向を誘い、私たちを目標に向かって動機づけさせてくれる重要な力にはなりますが、その意識のレベルは125に過ぎません。このレベルでいくら努力したとしても、それは破壊的なものであり、そこから真の幸せパワーを得ることはできません。

成功への一歩は欲望を抱くことから始まります。目標に向かって努力していくのは、欲望という原動力があるからです。が、「欲望」は飽くことなく肥大していき、求めるものがさらに大きくなっていきます。そしてその目標がなかなか達せられないと欲求不満が高まり、そこから「怒り：150」が湧き出してもきます。怒りは憎しみを生み出すこともありますので、要注意です。

「欲望」「怒り」の上位に「プライド」があります。プライドは一般的にプラスのものとして評価されていますが、しかしこれは他者と自分を区別しようという意識が非常に強いものであり、その結果、とかく争いを招きがちです。そして戦いに勝って優越感にひたっても、それは一時的、相対的なものにすぎません。プライドは受け身的で非常に傷つきやすく、それだけにプライドを失ってしまうと、とたんに「恥：20」レベルにまで落ち込んでしまいます。

いかがでしょうか。成功や幸せを願いながらも、欲望（渇望）、怒り（欲求不満）、プライド（優越感）のレベルで右往左往してはいないでしょうか。

これらはすべて200以下の破壊的なエネルギーです。だから成功を強く求めながらも、やがて希望を失い（無感動：50）、誰かや何かが許せなくなり（罪悪感：30）、ついには最も死に近い「恥：20」のレベルまで落ち込んでしまう。

これではせっかくの成功志向も、結果的に破滅へと誘われてしまいます。

ホーキンズ博士のキネシオロジーによれば、人々が人生をかけて意識レベルを1ランク上げることは至難の業らしく、一般的に、生まれてから死ぬまでの間に平均5ポイントくらいしかアップしないとされています。

しかしその一方、突然一気に数百ポイントジャンプすることも十分に可能で、そのカギと原動力になるのは「欲望」ではなく、ポジティヴ&クリエイティヴな「意欲」と言います。つまり、高レベルのパワーにアクセスできたとき、そのパワーが生命を支え、意識進化を促し、その結果、自発的な変化に恵まれ、幸せ感、至福感が訪れるというのです。

すべてがつながり合い、影響を授受し合っているこの宇宙にあって、与えることは与えられること…。どうやら、これがキーワードになりそうです。

この本の最初のテーマ「起：Why」では、本書の意図するものを考えてみました。で、その結論は、ツキを呼び、幸せを実現するには、200以下のフォースではなくて、「勇気」から始まる創造的なパワーが不可欠ということです。しかし「そのためには、いったいどうしたらいいのか」…。

本書では、誰にでも簡単にできる、その具体的な方策を紹介していきます。

Who:1

人物スケッチ・鈴木公一

世の中には、楽しくなるくらいにいろんな人間が存在していて、なかには人とは違った能力を発揮する人も多々います。鈴木公一さんもそんな一人で、ふとしたことから出会うことができました。この章「承＝Why」では、その鈴木さんのことに触れてみます。

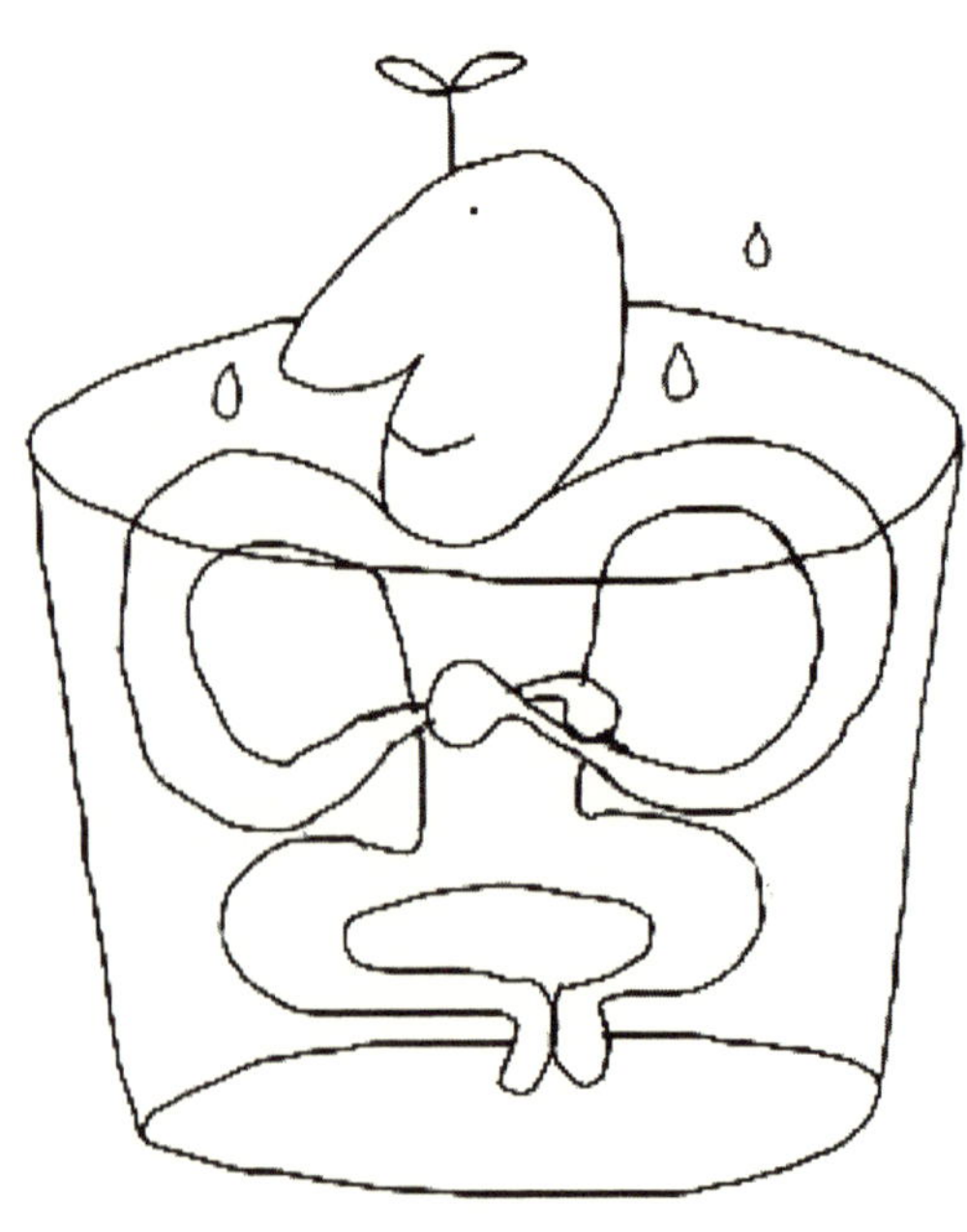

鈴木さんは「カリスマS氏」と呼ばれたりしていますが、実際にはごく普通の、どちらかと言えば、それほど目立たない、温厚な印象の人間です。そしてその特徴はといえば、文字どおり「右脳型人間」と呼ぶことができるでしょう。

鈴木さんが右脳的であることは、「四葉のクローバー探しの名人」であることでもお分かりと思います。そのほかに、「ええっ？」と思うような特技？もいろいろありますが、ここではあえて伏せておきたいと思います。

ところで、どうして鈴木さんは、あれだけ右脳が発達したのでしょうか。その秘密はどうやら少年時代の育ち方にあったようで、そこからその後の、鈴木さんならではのユニークな人生が芽生え、成長してきた感じがします。

いったい、鈴木さんはどんな少年期を送ったのでしょうか。

鈴木さんは小学2年から5年までの少年時代を、町から遠く離れた北海道の山の中で過ごしました。お父さんが炭坑の仕事に従事していて、閉山になった炭坑の後処理に取組んでいたからです。

人々が去った山にはもう小学校がありませんでしたから、学校には当然通うことができず、だから鈴木少年は、いわゆる「勉強」などほとんどせず、一人無邪気に野外で遊び回っていました。

その結果、算数の「九九」もままならず、やっと覚えたのは2の段と5の段だけ。そしてどうしても必要な計算は、2の段と5の段の計算に、さらに足し算を加えてやっていたそうです。

もちろん漢字だってあまり書けず、教科書的な知識はほとんどありませんでした。しかしそれはある意味で、非常にラッキーなことだったのです。

というのも、計算とか暗記といった左脳作業が眠りこけていたそのぶん、初々しい鈴木少年の脳内では、ひらめき（直感）や、繊細なフィーリング、総合判断力など、いわゆる右脳が生き生きと開かれていったからです。

鈴木さんは、その多感な少年期を人里を遠く離れた山の中で過ごしていましたから、虫や、野鳥や、木々のいのちであふれ返る「自然曼荼羅」の世界が、鈴木少年の右脳を生き生きと育て上げてくれたにちがいありません。

いまでは能力開発のひとつとして、右脳開発が盛んに行われています。しかし人間の右脳は、わざわざ教育やセミナーなど受けずとも、自然や野生と深くなじむことで、おのずと育っていくものなのです。鈴木少年は学校に行かなかったことによって、図らずもそうした恩恵に浴すことができたのでした。その意味で、鈴木さんの右脳の働き度は、筋金入り？です。

鈴木少年はその後町に下り、中学、高校、大学へと進んでいきますが、右脳が活性化された人にとっては、左脳を育てることなどお易いことのようです。そういった事例は、いろんなところで見ることができます。ケネディもチャーチルも、まさにそんなタイプの人物だったようです。

となると、左脳教育に極端に偏った学校教育や受験戦争は、むしろ人間本来の能力を退化させるものかもしれません。その証拠に、偏差値の高かったエリートたちが作り出した日本の社会は、いまや極限まで行き詰まっています。そしてこの閉塞感を打開していくためには、右脳的な働きを蘇らせていくことが不可欠のように思われます。

Who:2

あれよあれよの甲子園出場

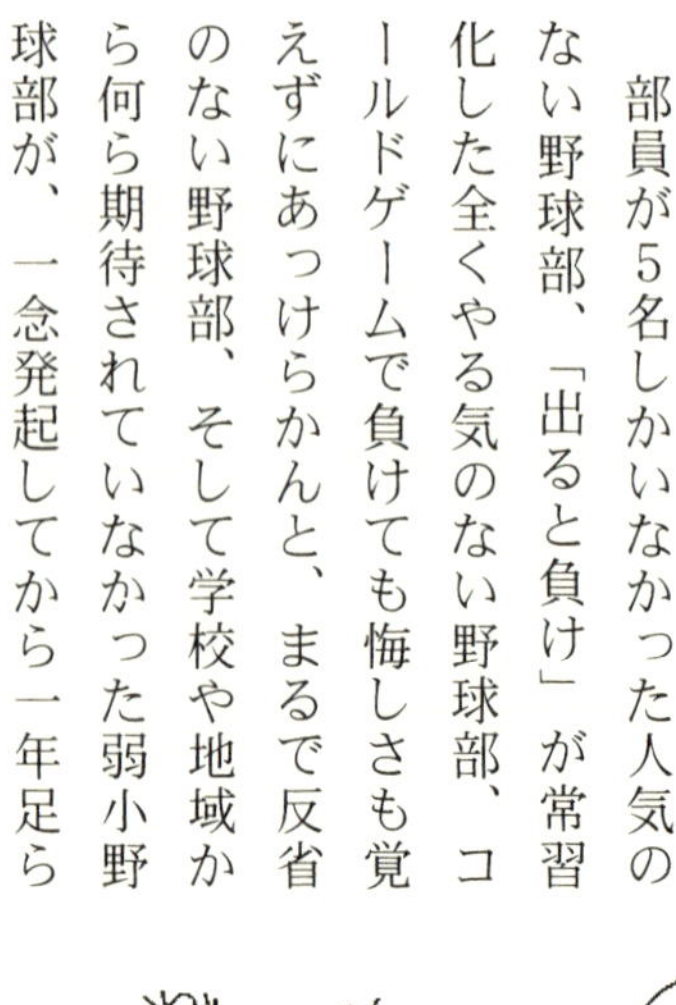

部員が5名しかいなかった人気のない野球部、「出ると負け」が常習化した全くやる気のない野球部、コールドゲームで負けても悔しさも覚えずにあっけらかんと、まるで反省のない野球部、そして学校や地域から何ら期待されていなかった弱小野球部が、一念発起してから一年足ら

ずの翌年夏に、何と甲子園に出場した。こんな話、信じられるでしょうか。

これは実際に北海道であった話で、実はこの奇跡的な甲子園出場物語でも、その弱小野球部のある高校に転校した鈴木少年が大活躍したのです。


子供時代を山で遊んで過ごした鈴木さんは、その後羽幌高校に進み、野球部の主力バッターとして活躍していました。ところが高校2年の11月、お父さんが転職したために、留萌高校に転校しなければならなくなりました。

転校先の留萌高校は進学校で、そのためか野球部はあれど、ほとんど「お遊び感覚のチーム」。実際、秋の大会（新人戦）のとき、鈴木さんがいた羽幌高校と対戦して、12対0のコールドゲームで負けていたのでした。

そんな野球部に入るよりは受験勉強に専念したほうがいいと、校長も、教頭も、先生も、両親も、友人たちも、みんながみんな鈴木さんに勉強を勧めたそうです。というのも、鈴木さんはかなり難しい転入試験をパスして転校し、しかもそのときの成績がかなり良かったからでした。

しかし、鈴木さんの体の中の「野球の虫」はなかなかおとなしくならず、体がウズウズして野球の血が再び騒ぎ始め、結局鈴木さんは野球部に入ってしまいました。そしてそこから「奇跡的な物語」が始まっていくのです。

まず翌春の「春季全道大会」の旭川地区予選の試合では、強豪旭川実業をいきなり10対1の七回コールドで破り、その後も着実に勝ち進んで、見事に北北海道大会出場の切符を手にしました。さらにその二回戦で、優勝候補の筆頭としてあげられていた強豪稚内高校と対戦し、接戦の末、ラッキーにも鈴木さんの犠牲フライで逃げ切ったのでした。そして決勝戦では、旭川龍谷高校を堂々と破り、高らかに甲子園進出に名乗りを上げたのです。

驚異のこの快進撃は、いったい何が作用して生まれたのでしょうか。これはもちろん鈴木さんだけの功績ではなく、その年にたまたま優秀な人材が集まったなどラッキーな出来事も重なったようですが、とにかく「出ると負け」の野球チームが「甲子園出場」を果たすまでに大化けしてしまったのです。

この奇跡的な物語に関して、鈴木さんはこう言っています。

「何よりも大事なことは、だれでも、どんなものでも変わりうるんだということをはっきりと知ることで、変わるわけがない、変わるはずがないなどというあきらめとは、きっぱりサヨナラすることです」

実際、留萌高校の野球部の場合は、「負けて当たり前」というそれまでの意識から、「勝てるぞ！」「勝つぞ！」という意識に変わったところから、驚くべき変化が起こったのでした。すると「勝つはずがない」と思い込んでいた先生や生徒や父兄たちも、次々と勝ち進んで行くそのさまを見て、やがては熱狂するようにもなっていきます。要するにまず自分が変わり、周りのみんなにも影響を与えて行くと、やがて大化けする発火点、変化の臨界点に至ります。こうして鈴木さんは野球部員はいうまでもなく、学校を、留萌市民を、そして北海道をと、次々と熱狂の渦に巻き込んでいったのです。

さて、その甲子園大会ですが、北海道では想像もつかない猛暑のなか、留萌高校は優勝候補の一角岐阜商業と開会式直後の開幕戦で対戦し、残念ながら0対1で破れました。が、岐阜商業はベスト8にまで勝ち進んでいきましたから、これはもうかなりの善戦です。そして鈴木さんが身をもって体験したこの「甲子園物語」が、その後の生き方に大きな影響を与えていきます。

Who:3

潜在能力を引き出す学習塾

高校野球で「甲子園出場の奇跡的な物語」を見事に綴った鈴木さんは、大学を卒業した後アメリカのユタ州立大学に留学し、やがて札幌で「学習塾」を始めました。いわゆる「頭の悪い子」の能力を目一杯引き出してみたいという誘惑？にかられ、独力で学習塾を営んだのだそうです。

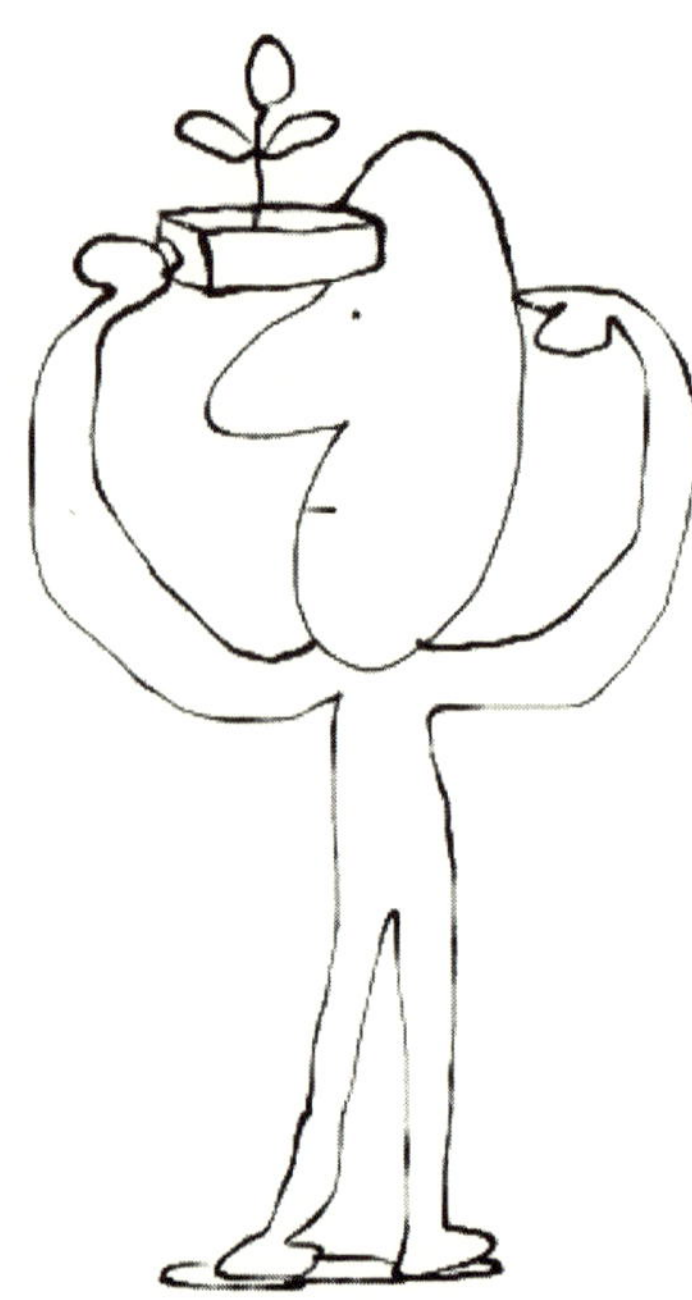

こうして札幌で小さな「変な学習塾」を始めた鈴木さんは、子どもたちに試験のテクニックを教えるというよりは、すべての子どもたちの中に潜んでいる「潜在的な能力」の開発に全力を投入し、ほかの塾とは全く違った方法で子どもたちと接していきました。

そしてこのケースでも、何よりも熱心に取り組んだことは、「成績が良くなるはずがない」「変わるはずがない」と思い込んでいる子どもたちに対して、「変わりうるんだ！」「志望校に必ず合格できる」という意識と意欲を開かせ、そこから自分の力を信じ、自分の足で前に踏み進ませていくことでした。

その結果、落ちこぼれていた子や、目立たない普通の成績の子どもたちが、やがて学年トップに躍り出たり、試験の難しい有名校に続々と入学していきました。地元でのトップランク北海道大学はいうまでもなく、東京大学や医学部などに合格した子どもたちもいたそうです。普通の学習塾なら、それも当然のことかもしれませんが、鈴木さんの塾に通っていた子どもたちにとって、北大や東大に入ることなど、夢のまた夢の出来事だったのです。

この事実は、「落ちこぼれた」のは決して子どもたちの能力の問題でも責任でもなくて、いまの学校の教育のあり方そのものが間違っていることを鮮やかに実証してくれています。その証拠に、いざ鈴木さんの手にかかるや、多くの子どもたちが、まるで気味悪いゲジゲジが美しいチョウチョに羽化し、青空を生き生きと飛び回るような現象が起こっていったからでした。

こうして鈴木さんは、まさに「信じられないこと」を、実際に次々と実現してみせてくれたのでした。

このことについて、鈴木さんはこう語っています。

「どんな人の中にもとてつもないパワーが潜んでいるのですから、人間の可能性を信じる私からすれば、それはしごく当たり前のことであって、別に不思議なことでも何でもなかったんですよ。

ただ、私のやり方を、多くの父兄たちはなかなか理解してくれませんでした。それがいちばん辛かったことであり、だからこそ、日木流奈(ひきるな)ちゃんのドキュメンタリーをテレビで観たときには（Who:5参照）、私のやってきたことは間違ってなかったんだ!と、つい感激の涙を流してしまったんです（笑）」

どんな人間でも人間である限り、本来的にパワフルな意識のデータベースにつながっています。だから問題は、そのパワーをいかに効果的に引き出し、いかに上手に活用していくかということだけです。

鈴木さんは自らの子供時代の体験を通して右脳的なパワーの可能性と素晴らしさを知っていましたし、また奇跡的な甲子園出場物語を通して、潜在するもの凄いパワーの引き出し方を知っていましたから、それをそのまま、いわゆる「落ちこぼれたち」を集めた学習塾で実践していったのです。

ホーキンズ博士も『パワーか、フォースか』の中でこう述べています。

「意識のエネルギーレベルは、どんな領域でも私たちを支配する傾向があるので、本当に必要なのは、高いエネルギーフィールドに自らをさらすことです。そうすれば、人間の内面的な態度も自発的に変化し始めるでしょう」

鈴木さんの学習塾の子供たちが次々と難関大学を突破できたのは、決してガリ勉の成果ではなくて、彼ら自体が勇気（200）と意欲（310）を持ち、愛（500）と喜び（540）というパワーに触れたからだと思います。

Who:4

がんばれ！悩める現代人

子供のころは自然の中で遊び回り、高校時代には野球で甲子園出場を果たし、アメリカ留学の後札幌で「変わった学習塾」を始めた鈴木さんは、長い間世の中の動きとはあまり関係ない世界に生きてきました。が、やがて、社会の現実に直面せざるをえなくなっていきました。

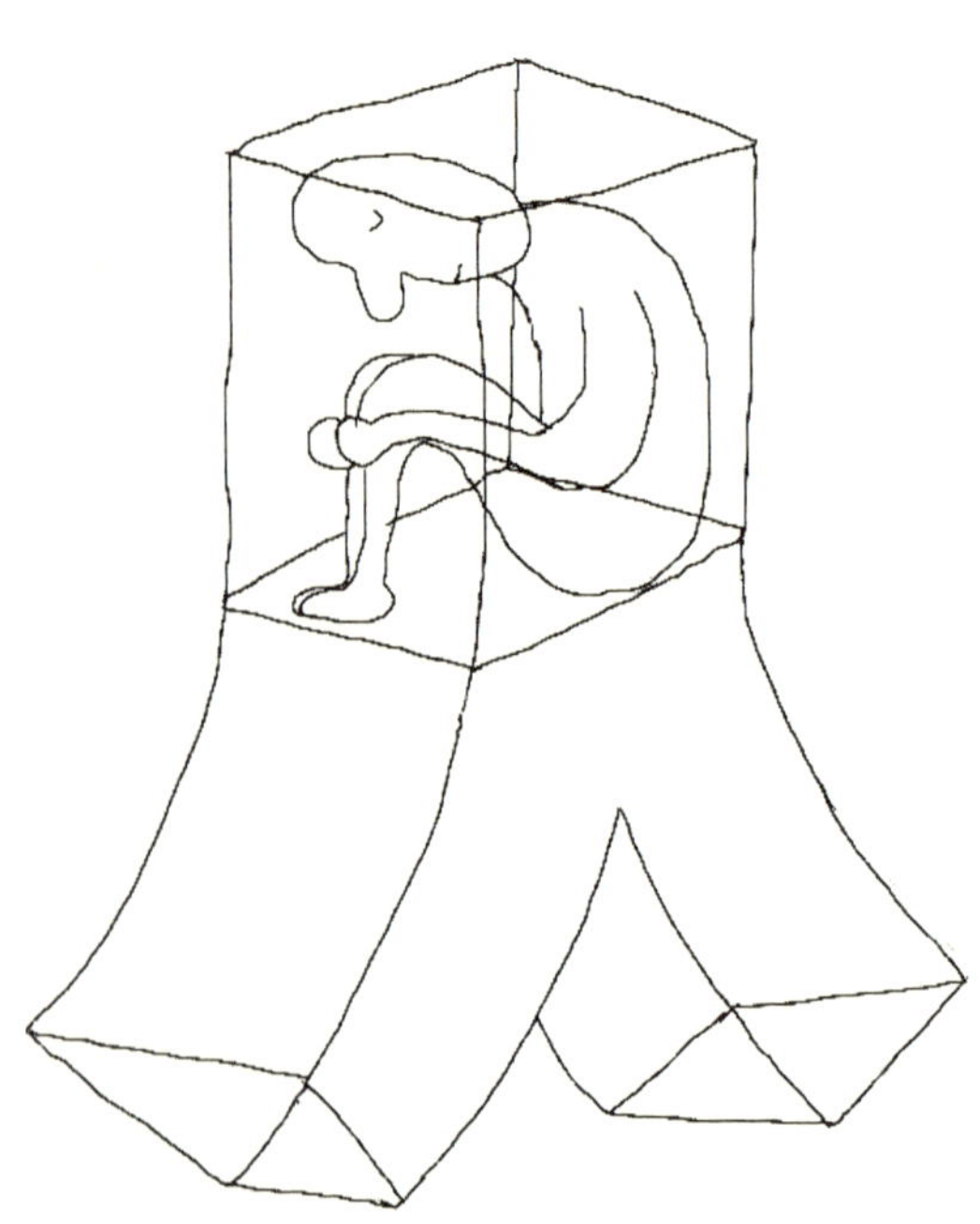

というのも、「たく銀破綻」を契機として子供の親たちの意識が変わり始め、さらに少子化も手伝って、徐々に塾生たちが減り始めてきたからです。

それまでは「進学競争に勝利して、一流企業に就職さえすれば人生は安泰」という価値観が社会を支配していましたが、「たく銀破綻」以降は、それが少しずつ変わりだしていったからです。

都銀や証券会社などの金融機関は、かつて憧れの花形企業でした。が、「山一証券」や「たく銀」などの破綻が相次ぐや、かつてのエリートたちが路頭に迷い、また「たく銀破綻」の衝撃が周辺企業を次々と襲って、多くの有名企業をも倒産やリストラへと追いやっていきました。これは明らかに「受験にさえ勝利すれば人生はハッピー」といった神話の崩壊を意味していました。

と同時に、企業では人員削減が大胆に始まり、いわゆるリストラが身近な問題になってきていました。これは「大きな企業や組織に所属していれば安全」という、もう一つの神話の崩壊です。

そんななか、学習塾も先行き不透明になってきましたので、とかく世の中の動きに疎かった鈴木さんも、これまでとは全く違った新たな分野で、新しく役に立つ仕事をしてみたいと思うようになっていったのです。

考えてみれば鈴木さんがそれまでにやってきたことは「助っ人役」でした。誰かの役に立つサポートをすることに、大きな喜びを見いだしてきたのです。

そこで、考えました。

「いま、いったいどんな分野で助っ人が求められているのだろうか」と…。

そしていろいろ考えてみた果てに、鈴木さんがふと思ったのは、ビジネスの世界のこと、特に仕事やお金に悩み、困っている人たちのことでした。

もちろんそれは、自分の問題でもありました。それまではお金のことなどあまり考えず、ただ子供たちの能力開発に夢中になってきた鈴木さんでしたが、バブル崩壊後の日本の社会が、お金、仕事、経済という分野で、非常に深刻な事態に立ち至っている現実を、はっきりと認識させられたのです。

悩める現代人に対する「助っ人」が助っ人として認められるためには、まず自らがビジネスの成功モデルとならなければならなりません。実績もないのに助っ人を名乗っては、詐欺（さぎ）同然になってしまうからです。

自らがビジネスでの成功モデルとなるためには、いったいどうしたらいいのか。いろいろ考えてみた結果、鈴木さんはインターネットに着目しました。これはもう「直感そのもの」であり、急速に広がっているインターネットの情報環境を無視しては、効率も効果も得られないと思ったからだそうです。

こうしてビジネスの世界に初めて足を踏み入れた鈴木さんは、その後いったいどうなったのでしょうか。それについては、『能望（のうぼう）』（奇跡を呼び込む能力開発）に詳しく述べられています。結論から言えば、ビジネスのことなど何も分からないまま２００１年の11月からビジネスに飛び込んだ鈴木さんは、早々と成功のビジネスモデルを作り出してしまったと言います。

その結果、インターネットの世界で「カリスマS氏」とまで呼ばれるようになり、ビジネスと同時にその根幹を成す「能望（のうぼう）」もまた広がり始めました。ただ、お金目的の「能望」は鈴木さんの勧めるところではありません。お金もツキも、右脳開発も、意識のレベルが高まった結果としての現れにすぎません。しかしそれがもし可能だとしたら、そこに現代人の希望があります。

Who:5

ルナちゃん、そしてあなたも

どんな人の中にも「天才」が眠っている。そのことを鮮やかに示してくれたのが、日木流奈(ひきるな)ちゃんでした。

彼は重度の脳障害者として生まれながら、ご両親、そしてドーマン法のサポートにより、驚くべき才能を発揮しながらいま生きています。

そしてこの事実は、私たちすべて

の人間に、かけがいのない希望を灯し、勇気を与えてくれています。

このことに触れると、たぶん意見と態度が二分されてしまうでしょう。というのも2002年4月、NHKスペシャル「奇跡の詩人」が放映されるや、「共感・感激」と「誹謗中傷（ひぼうちゅうしょう）」の二つの嵐が吹き荒れたからです。誹謗の嵐は、「インチキ、障害者を利用した商売」等々と、2チャンネルや週刊誌などで吹き荒れました。たしかに、それはとても信じられない出来事に思えたにちがいありません。が、その一方でこの放映に、希望と感動を覚える人たちもたくさん出てきました。鈴木さんも、その中の一人でした。

鈴木さんは『能望』の中で、このように書いています。

「重度の脳障害の子の番組を見て、私は身も心も震えるほどの衝撃を受けました。25年間、自分のやってきた能力開発が間違ってはいなかったことが再確認でき、人間には不可能なことはない、どんなことも可能である、重度の脳障害の子にできるのに、正常な脳を持った人にできないことなんて何もないと、この子に大変勇気づけられたのです。

歩くことも、話すことも、食事も、排せつも、自分の力では何もできない、寝たきりの、絶望的な重度の脳障害の12歳の少年が、両親の能力開発訓練、で高い知性を獲得し、本を書くまでの能力を引き出しているのです。

この重度の脳障害の12歳の少年の頭脳は、ほとんど神の領域です。誰もがみな持っている潜在意識のみごとな開花なのです。私は長年追い求めていたものが公の場で紹介され、身も心も震えるほどの衝撃を受けました。それこそ全身に100万ボルトの電流が走ったような衝撃でした。この子に感謝の念でいっぱいで、自然に涙があふれてこらえ切れませんでした」

重度の障害者でさえ、驚くべき才能を発揮している…、この事実を知った鈴木さんは、どんな分野であろうとも、潜在意識の無限のパワーさえ活用できれば成功者になれるはずと、改めてそう思ったのでした。

しかし、世の中には「そんなことありえない、インチキ、デタラメ、親が子を商売に利用しているだけ」と考える人たちもたくさんいます。たしかに自分の理解を超えた出来事に対しては、多くの人たちがそれを否定がちです。

否定することで再び「常識人」の大地に足を踏み戻して安心できるからです。が、そこからは意識レベルの進化は生まれません。

日木流奈ちゃんのこの事例をホーキンズ博士に言わせれば、それは「流奈ちゃんの意識レベルが高いところにアクセスしているから」ということになるのかもしれません。そして常識を超えた事象を否定する人たちに対しては、「意識レベルの壁」を指摘することでしょう。下位レベルからは上位の世界が理解できません。そこには厳然として「バカの壁」が存在しています。

ここでは日木流奈ちゃんのことを紹介しましたが、流奈ちゃんに限らず、人間なら誰もが「意識のデータベース」を共有し合っています。

大切なことは、より高い意識レベルにアクセスすることなのです。つまり、どんな人であっても、自分の中の「天才」と無限の可能性を呼び起こすことが可能で、それにはただその回路を開くだけ。そして、そのために鈴木さんが提示したのが「能望」でした。「能望」は、私たちを高度な意識レベルへと誘（いざな）い、ツキと幸せを与えてくれる「不思議な暗号」であるようです。

How:1

「能望」って、なに？

お待たせしました。いよいよ「能望」のお話です。「能望」って、いったい何でしょうか。

「能望」は、実は鈴木さんが新しく作った造語なのですが、これは千年以上も昔からインドや中国、日本で用いられてきた、とても短くて簡単な、能力開発のための呪文（じゅもん）?です。

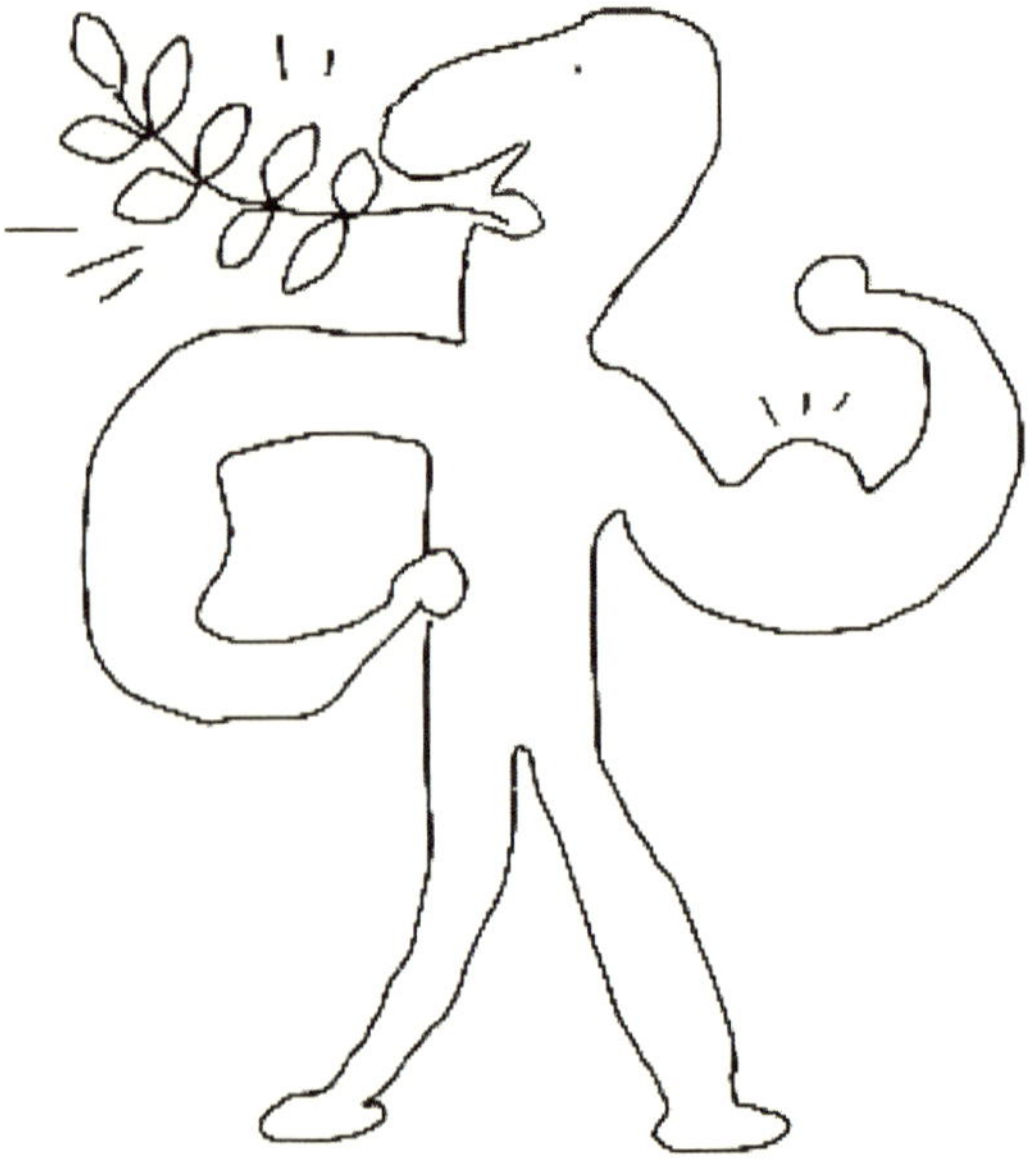

鈴木さんは学習塾で子供たちを教えるに際し、可能な限りの右脳開発法を試みました。その中には般若心経の暗誦なども含まれていました。もちろん「のうぼう…」から始まる、この「虚空蔵求聞持法」も試みたと言います。

そうです。鈴木さんが命名した「能望」とは虚空蔵求聞持法であり、空海が熱く僧を志したとき、自らの能力開発のために用いたものだったのです。

しかし学習塾時代に、必死でいろんなことを試みていた鈴木さんは、子供たちの右脳開発に、果たして「のうぼう」がどの程度効果的であったのか、そのことは正直、正確に判定できないでいました。というのも、それはたくさんの中の一つに過ぎなかったからです。が、その後ビジネスでこれを使ってみたときに、信じられないような効果が次々と出てきたそうで、それも自分にだけでなく、周囲の人の多くに現れ出たと言います。

そこで鈴木さんは、インターネットのメルマガを使って、この「真言＝虚空蔵求聞持法」を紹介し始めました。より多くの方々に、これを活用して成功してほしかったからだと言います。

ところが「真言」として紹介したとたん、「いかがわしい宗教」、あるいは「うさん臭いネットビジネス」と誤解する者が続出し、メルマガの読者が急に減ってしまったと言います。この事実は、右脳開発や成功を求めながらも、実際には単なる「お金儲けレベル」に留まっている人が多いことを物語っているかのようです。そこには「意識レベルの壁」が厳然とありました。

これを危惧した鈴木さんは、いろいろ考えたあげく、「真言」と称していたものを「能望」と呼び改めることにしました。「能望」は決して宗教でも、お金儲けのためのものでもなく、本当の成功と幸せを呼び込むカギであると考えていましたので、「悩める現代人」に広く知ってほしかったからです。

「能望」は、「のうぼう、あきゃしゃ…」と始まる梵語（ぼんご）（サンスクリット語）の最初の響きを、そのまま漢字に置き換えたものです。しかし「能」には「あたう＝できる・実現する・はたらき・効きめ」の意味があり、「望」は文字どおり「のぞみ＝希望・願望」の意味ですから、「能望」は「願いがかなう」という意味になります。こうして鈴木さんは「真言＝虚空蔵求聞持法」に、宗教とは関係なく新たな意味（命＝パワー）をチャージしたのです。

「能望」の文言は以下のとおりで、これですべてです。

のうぼう　あきゃしゃ　ぎゃらばや　おんありきゃ　まりぼり　そわか

たったこれだけのとても簡単な言葉でありながら、これを繰り返し音声に出すとき、いったいなぜ右脳が開化して、高レベルのエネルギーフィールドにタッチすることができるのでしょうか。その科学的なメカニズムは今後の研究に委ねるとして、鈴木さんはこれに対して、こう述べています。

「実践してみると、これが松果体を覚醒させて右脳を活性化し、呼吸法・気功的効果や潜在意識の浄化を促し、その結果、百に一つ、千に一つしか起こりえない運とかツキを呼び込みます。つまりプラスの意識になり、プラス意識が増幅されると、人類共通の意識とか宇宙の意識といった、潜在意識よりもさらに深い、日常生活では到達できない高次元の意識レベルに到達します」

要するに、「宇宙のパワー・波動に共鳴する方法」と言えるのでしょう。

How:2

空海からのプレゼント

「能望＝真言＝虚空蔵求聞持法」は、空海（当時はまだ真魚）が、名もない一人の沙門（私度僧）から授かったものとされています。

そしてこれを百万回唱えることで、たちまち恐るべき潜在能力を開発し、一読しただけで難解な教典が理解できたと言われています。

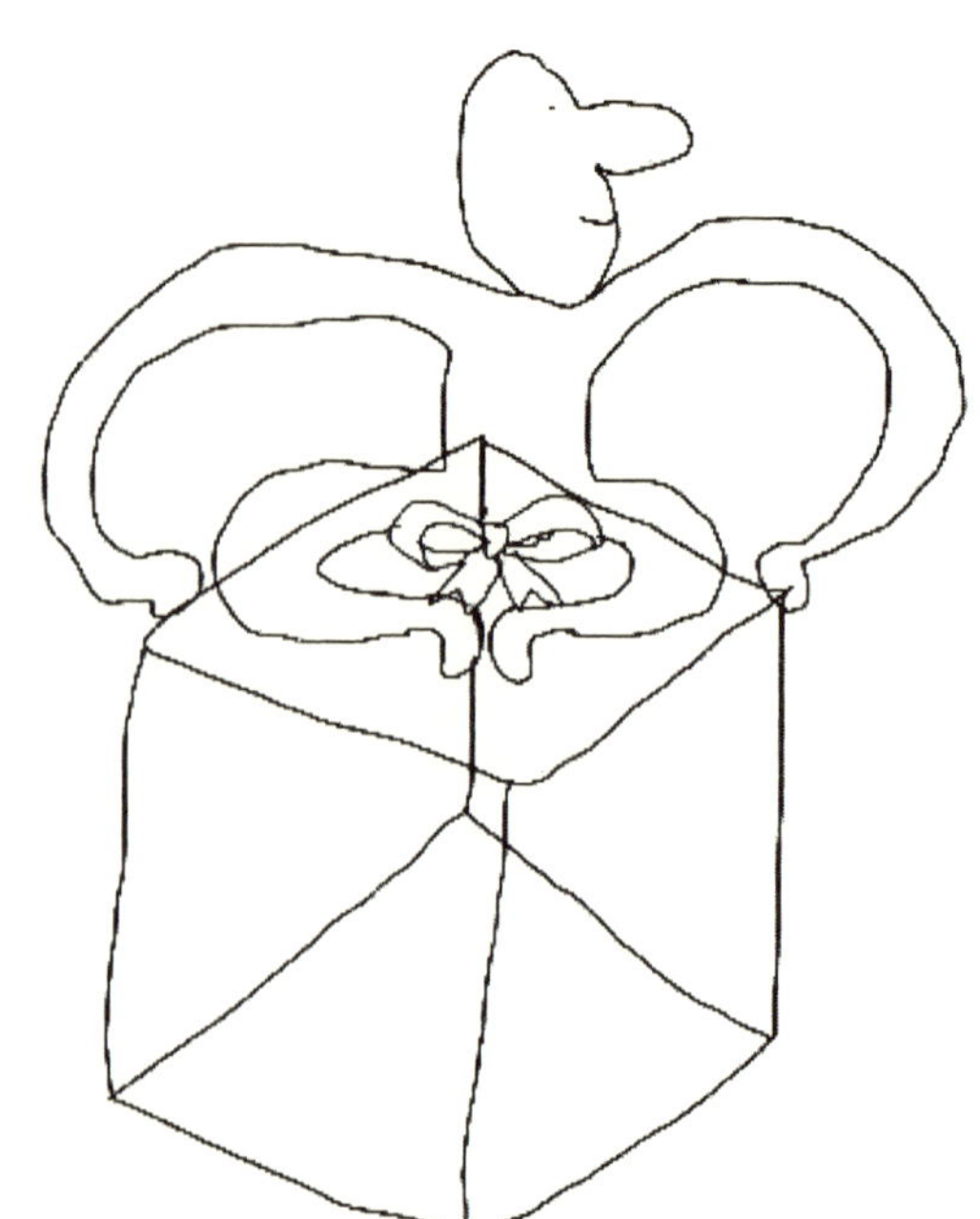

その意味で、あの超人的な空海を空海たらしめたその初めに、まずこの「虚空蔵求聞持法」があったとも言えます。そしてこれは空海のみならず、最澄や日蓮などの高僧たちにもフルに活用され、能力開発を促したようです。

ところで空海は、なぜ「密教」に熱い思いを寄せていったのでしょうか。

彼が最初に志したのは官吏であり、そのための学問でした。しかし大学に入ってから、やがて自らの生き方に疑問を覚えます。知識をいくら蓄えてみたところで、本質的な真理には到達できないと…。そう考えた空海（真魚）は即座に大学を辞め、「苦しんでいる庶民たちに幸せをもたらす道」を探求し始めました。特に夢に誘われるまま、久米寺で密教の核心を説いた「大日教」に出会って以来、唐に渡って「密教」を体得したいと熱望しました。

その当時、遣唐使になるには留学僧（官僧）の資格が最低限必要でした。そこで東大寺を訪ねて得度を得て、その名を「空海」と改めました。そしてタイミング良く翌年出帆した第16次遣唐使船に乗り込みます。4隻の遣唐使船は嵐に遭って、2隻は海に飲み込まれますが、空海が乗った船は漂流すること一ヶ月、奇跡的に無事中国大陸にたどり着くことができたのでした。

しかし漂着した僻地の海岸から唐の都長安までの路程や、梵語をマスターする過程、また儒教、道教、景教、イスラム教、ゾロアスター教、マニ教などのあらゆる宗教、思想を学び尽くすそのプロセスでも、奇跡的な出来事が起きて空海を助けました。さらに、密教のキーマンである恵果阿闍梨（けいかあじゃり）との出会い、そして恵果から密教のすべてが伝授されるまでの物語にも、不思議で奇跡的なツキが満ち満ちていました。空海は、まさに超人的なパワーを発揮してツキに恵まれ、鮮やかに密教を唐から日本に持ち帰ったのです。

留学僧は修学期間が20年と定められ、これを守らないと流罪、死刑という厳しい掟（おきて）がありましたが、空海はわずか2年で帰国できました。そのときも、たまたまラッキーにも日本から船がきて、その帰船に乗れたのです。帰途でも暴風雨に襲われましたが、またもや奇跡的に帰還できたのでした。

空海がひたすら願っていたこと、それはあくまでも密教によって人々を苦しみから解放し、平和で豊かな世の中を作り出すことでした。そのため再び日本に舞い戻った空海は、その後さまざまな活動に没頭していきます。帰国後の空海は、衆生を救う「済国利民（さいこくりみん）」に向かってひた走っていったのでした。

　高野山を拠点に密教を広め、庶民のための教育機関を開設し、土木事業を通じて苦しむ人々のために役立ちたいと獅子奮迅（ししふんじん）の活躍をした空海の物語は、すでに広く知られているところです。また空海は「お大師（だいし）様」の呼び名でも親しまれ、奇跡を呼ぶ弘法大師としても有名です。わずか62年間の人生で、これだけすごい実績を残すとは…。空海は、人間業をはるかに超えた、まさに超人的な人物だったということができるでしょう。

　そして、そんな空海を空海たらしめた能力開発法として、虚空蔵求聞持法＝「能望」がありました。人々の苦しみを身近に見ていた空海は、これを使って真理に目覚め、これを用いて密教の真髄を体得し、そしてその結果、苦しむその時代の人々に「済国利民」をもたらしたのです。

　その意味で、鈴木さんが再発見した「能望」は、空海から現代人に向けて贈られた「幸せ実現のパスワード」とも言えるのではないでしょうか。

How:3

潜在意識を浄化してパワー発揮

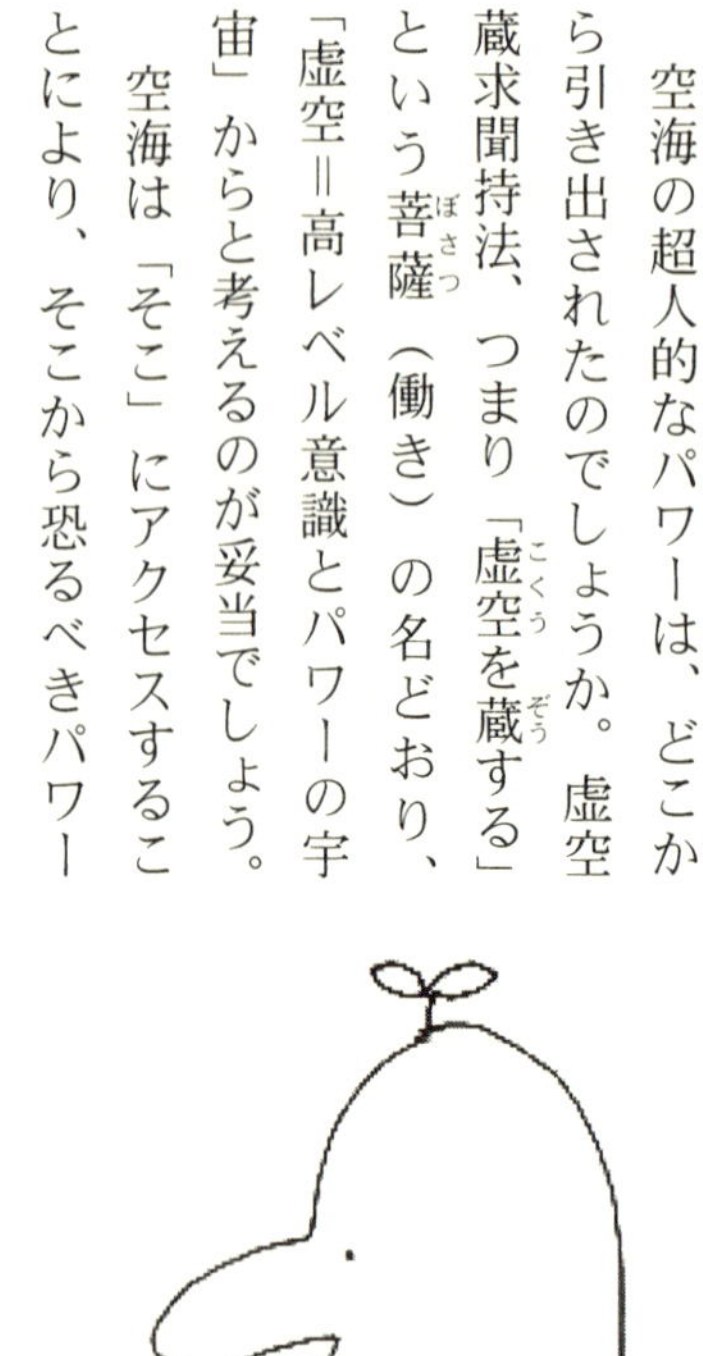

空海の超人的なパワーは、どこから引き出されたのでしょうか。虚空蔵求聞持法、つまり「虚空を蔵する」という菩薩（働き）の名どおり、「虚空＝高レベル意識とパワーの宇宙」からと考えるのが妥当でしょう。

空海は「そこ」にアクセスすることにより、そこから恐るべきパワー

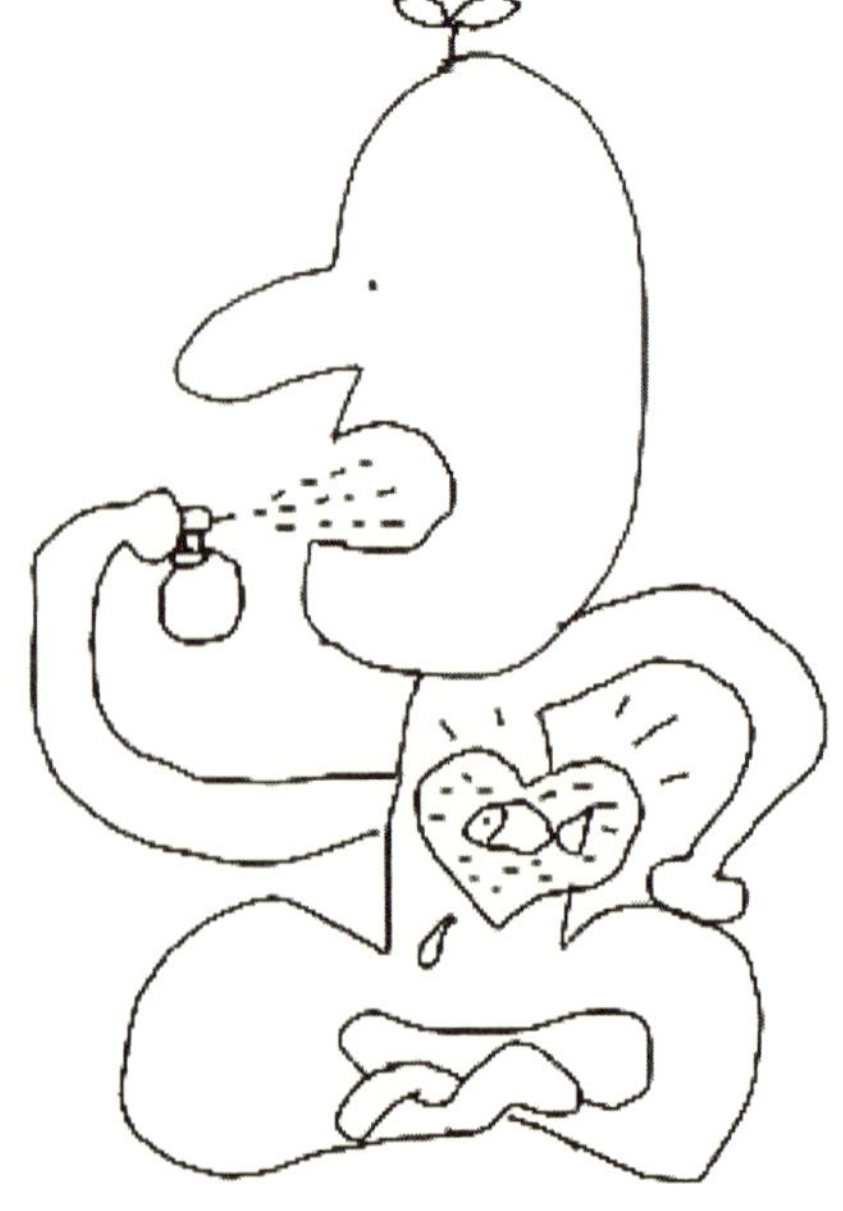

を引き出すことができたのです。そして、そのために真剣に繰り返し唱えたのが、「のうぼう…」という「虚空」を開く呪文（パスワード？）でした。

超人的なパワーを引き出すことには、スポーツ選手などもいろいろトライしているようです。ちなみに陸上の末続選手は、「古武術なんば」を取り入れて、世界選手権でついに銅メダルを獲得しました。これは巨人の桑田投手等も傾倒する能力開発法で、末続選手はあらゆる練習法、科学的方法を試してきた果てに、この日本古来の方法にたどり着いたのだそうです。

この事実は、日本人には日本人にふさわしい能力開発法があることを物語ってくれています。

いわゆる「能力開発法」は、それこそ数知れぬほどたくさんのものが巷にあふれ返っています。しかし実際のところ、それらが功を奏したという事例は、それほど多くはないようです。いったい、なぜなのでしょうか。

鈴木さんは、「それは、日本人にふさわしくないから」と言います。

そして『能望』の本の中で、さらに次のように述べています。

「日本人の潜在意識に染み付いた汚れと、アメリカ人の汚れは本質的に違います。日本人の潜在意識の汚れは、油汚れのようにべっとりとこびりついていて、なかなか簡単には落ちないのです。だから日本人には、潜在意識の浄化を図る特別なプログラムがまず必要なるのです」

つまり、「日本人独特の潜在意識に染み付いた汚れを落とさない限り、いつまでもマイナスイメージに勝てず、また苦労して潜在意識の扉を開けたとしても、肝心の潜在意識の中味はマイナスに支配されている状態なので、いくらプラスの成功願望を植えつけようとしても、潜在意識は聞く耳を持ってくれない。だから、あらゆる努力も空しく、結局は徒労に終わる。これが、99%の人が成功できない理由である」と。

こうして、油汚れのような日本人特有の潜在意識の汚れを落とすには、「特殊な洗剤」が必要になります。そしてそのための最も効果的な洗剤と考えたのが「能望」でした。鈴木さんは20年以上の能力開発の指導経験から、「これに違いない。これしか考えられない！」と、直感的にそう思ったのでした。

べっとりした油汚れのような潜在意識の汚れとは、いわゆる「常識」です。左脳のみを徹底的に開発して「常識人」を作り出してきた日本の教育では、潜在意識のパワーなどオカルト的なものとしか思われません。まして、高次元の宇宙意識にアクセスしてパワーを引き出すなどと言ったら、きっと気が狂ったと思われてしまうことでしょう。

そんなわけで、非常識な成功や幸せを望んだりしようものなら、常識に支配されている潜在意識が断固として妨害してきます。パワフルな潜在意識の協力が得られてこそ物事は順調に進むというのに、常識や知識の奴隷と化した潜在意識が妨害する側に回ってしまうのです。

しかし「能望」は、潜在意識の扉を開き、きれいに潜在意識を浄化してくれます。その結果、ツキが生まれ、幸運に恵まれるようにもなるのです。

潜在意識は、ユングの言う集合無意識と重なり、連なっています。それはホーキンズ博士の言う宇宙意識のデータベースとも深く関わっています。

そしてそこにアクセスする方法の一つとして、空海は「虚空蔵求聞持法」を目一杯活用しましたが、その新しい呼び名が「能望」なのです。

How:4

意識レベルをぐーんと高める

空海は、なぜ恐るべきツキや幸運に恵まれたのでしょうか。その生き方を見ると、空海の願っていたものは、とてつもなく高遠な理想であり、非常に高いレベルのものを真剣に願っていたからと言えそうです。

つまり、それは個人的な欲望などではなく、人々の平和と幸福でした。

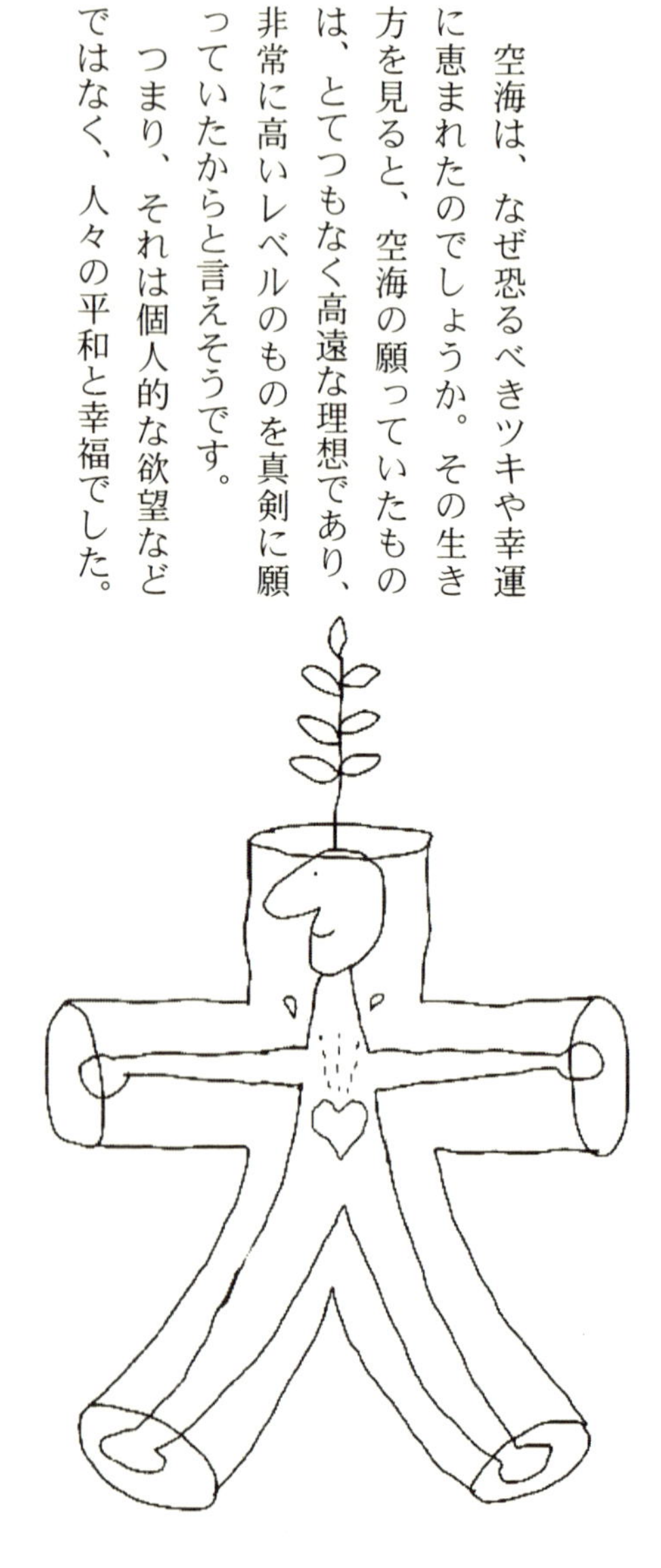

「カニは、自分の甲羅の大きさに合わせて穴を掘る」と言われます。

この言葉から敷衍して、自分の甲羅の大きさとは、自分の生き方、意識の高さを意味しているとも言えるでしょう。つまり、大きな目的、高邁な理想、高次元の意識、そしてその生き方が、大きな穴（影響力）を作り出すことになる。高次元の意識が、パワフルなツキと幸運を呼び込む…ということです。


そのことは、『パワーか、フォースか』でも明らかです。ホーキンズ博士はキネシオロジー（身体行動学）を使って人間の意識レベルを１０００の段階に分けましたが、恥、罪悪感、無感動、深い悲しみ、恐怖、欲望、怒り、プライドといった200以下の意識レベルからは、破壊的なフォースしか生まれません。200以下ではツキはなく、ただ悪循環の渦を大きくするばかりです。

破壊的なフォースが創造的なパワーに変換されるのは、200の意識レベルからです。つまり、「勇気」から探求、達成、忍耐力、決断力が生まれ、新しい仕事の技術を学ぶエネルギーも生まれます。また「中立」からは、柔軟性や、結果にあまりこだわらない現実的な評価も生まれます。その結果、内なる自信が湧き起こり、何事にも自然体で臨むことができるようになります。そしてそこから、自由感や幸福感が感じられてくるようになると言います。

「意欲」は、ポジティヴに生きる姿勢を培ってくれます。失敗しても逆境から立ち直り、その経験からさらに学びとって自己修正をしていきます。自分自身が尊敬できるので他者に対しても協力的で、他者からも絶えず学びながら社会に対して貢献していきます。

次のレベルの「受容」では、人生をあるがままに受け入れて、そこからさらに高くジャンプする大きなパワーにも恵まれます。またすべてのものを平等に考え、いろいろあって当然と、寛容な気持ちで多様性を認めます。受容のパワーは、全体像を見る目や、遠い先まで見通す力にも恵まれます。

そして「理性」。理性では、複雑で大量な情報を合理的に処理することができ、抽象的な発想の活用も可能になりますが、理性だけでは真実を見いだすことができません。空海が学問的な知識に飽き足らず、虚空蔵求聞持法を使って密教にアプローチしたいと願ったのも、理性の限界を知ったからのこと。理性の力が、より高い意識に到達する道を、逆に邪魔をして閉ざしてしまうこともありますから、これを超えるのは至難の業と言います。

その上にくるのが「愛」で、愛は頭ではなく、ハートに宿ります。そして愛は、物事の本質や全体性を瞬時に識別する能力に満ち、愛のレベルにまで至ると、すべてが直感的に分かってしまうと言われます。

さらに「喜び」そして「平和」…。そして意識レベルの最高位に「悟り」があります。このように、カニが体の大きさに合わせて穴を掘るごとく、意識レベルの違いによって、人の気持ちや発想法、そして生き方が違ってくるのです。それだけに、もしもあなたがツキや運、成功や幸せを望むとしたら、より高い意識レベルにジャンプするしかないのです。


空海は人々の「愛・喜び・平和」を願い、そのために真剣に生きたからこそ、奇跡的なツキや幸運に恵まれたと言えるでしょう。そして密教を得た後、「悟り」の境地に達します。その結果、さらに多くの驚異的な奇跡を起こし、「お大師様・弘法大師」の神話が生まれました。要するに、お大師様の奇跡的な数々の快挙は、空海の意識と行動の必然的な産物だったのです。

How:5

そして与え、広げていく

与えることは与えられること…。

よく言われる言葉です。実際、自然界すべてが「与え・与えられ（受ける」で成り立っています。その意味で、与えることの意味を説く「能望」は、すべてのものがつながり合い、共に影響し合っている宇宙の根本原理に触れるものと言えるでしょう。

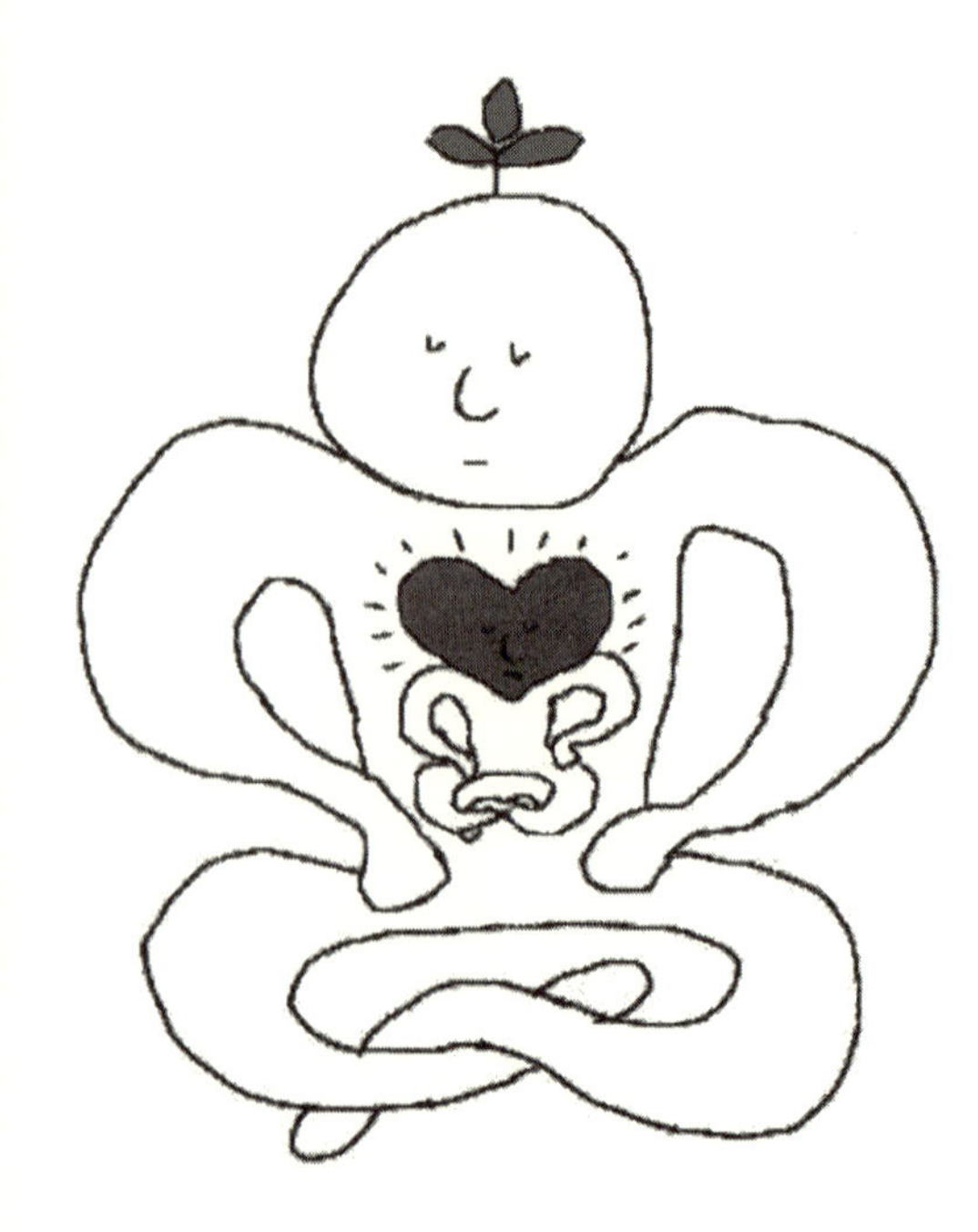

すべてがつながり、影響し合っている。これが宇宙の実相で、特に生命体はそうだと言います。このことを宇宙物理学者のアーヴィン・ラズロー博士は、『マクロシフト』（文春ネスコ刊）の中で次のように述べています。

「宇宙はひとつのまとまった存在であり、生物圏はその宇宙の子宮の中で育まれ、心や意識はこの中で誕生した。なにものも他と無縁ではありえず、すべてが生命のネットワークと響き合っている。

今日の物理学では、物理学的世界の基本単位とされている量子が、宇宙を織りなす微妙な結合の糸を作り出していると考えられている。そして、そのすべてが本質的に、瞬時に関わり合っており、互いに影響を及ぼし合っている。生命体もまた、それぞれすべてがコミュニケーションし合っているおかげで、全体を維持するのに必要な調整、対応、変化が、あらゆる方向にすぐに伝わる。新しい生物学の概念では、生物圏自体が生命体と同じように、完全な全体性を持っているのだ」

これが最先端の宇宙論であり、生物学なのです。ここで大事なことは、どんなことであっても、瞬時に「宇宙的な影響」を与え合うということで、特にマクロシフトに直面したいまはそうだといいます。ラズロー博士はいまという時代を「カオス状態」と見て、小さな一人の意識の変化でさえ、社会や世界に大きな影響を及ぼしうると言っています。つまり、私たちひとり一人の変化が、「人類意識の進化か、崩壊か」に大きな影響を及ぼすと言うのです。

ホーキンズ博士も、全く同じことを指摘しています。

「互いに連結し合っている宇宙においては、私たち各人の世界で行うすべての改善が、全世界のすべての人に波及します。私たちが加えるどんなことでも、私たちに戻ってきます。私たちがすべての生命に奉仕することは、全部自動的に、私たち全体にとってためになることです。自分に対しても、生命あるものすべてに対しても、親切さをもって接することは、変容（進化）するための最もパワフルな力です。それはどんな代償も請求する必要がなく、自分自身の本当のパワーを増加させます」

鈴木さんもその体験から、「与える」ということの大切さを語っています。

「人様に伝えると『感謝』という最高レベルの徳が、あなたに返ってきます。『能望』を惜しみなく伝えていくことが、最大の『与える』ことになります。つまり、計り知れない徳が、宇宙の意識に蓄積されていくのです」と。

「天使の歌声」で知られる歌手のスーザン・オズボーンさんの「ボイスセミナー」は、まず静かに息を吐き出すことから始まります。心と体内に溜まって淀んでいるものを思いっきり声に乗せて吐き出すと、自然に新しい空気が胸に入ってきて、だんだん長く声が出せるようになっていきます。

これを大勢でいっしょにやると、やがてお互いの声が美しく響き合い、それこそ読経（どきょう）のような素晴らしい「響き合う宇宙」に包まれていきます。

そしてその中で、すっかり癒された自分が蘇ります。

ここでもまた、「吐く＝与える」から始まり、「癒し＝全体からのエネルギー供給（与えられる）」が行われているのかもしれません。

「得る」ために喘ぎもがくのではなく、まず与え、そして広げていく…。

ここにツキと幸運を呼ぶ秘訣があるようです。

What:1

人間はみんな天才（教育）

どんな人にも、その人ならではの何かがあります。その「何か」は、人それぞれに違うでしょう。しかし人間である限り、誰にも、他者とは違った素晴らしいものが、それぞれ与えられているはずです。

その意味で、人にはみんな「天与の才」が、本来備わっているのです。

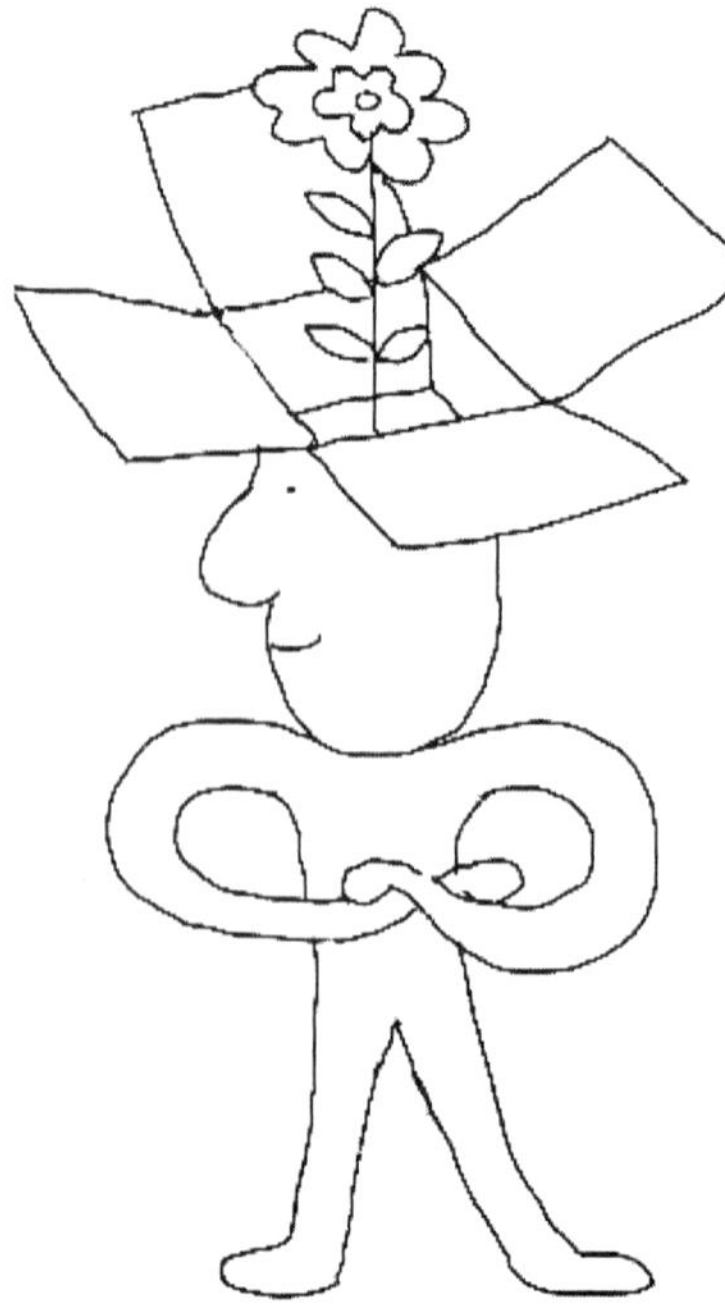

しかし残念ながら、ともすればそれに気づかぬまま人生を送ってしまいがちです。それもたぶん、みんなが同じ方向に向かって進んでいるからでしょう。

その方向は、時代やその社会の価値観に左右され、その価値観に合わないものは価値がないものとして切り捨てられてしまいます。本当は、自分の中に素晴らしい天与の才が眠っているというのに、それに気づかず、伸ばすこともなく、自分には才能がないと思い込んでしまうのです。

受験競争などは、その最たるものです。「頭がいい」と注目される子は、限られた時間内に素早く答を書き込む術に長(た)けているだけなのに、それをもって全人的な評価が成されます。が、それは暗記力や要領に優れているだけで、それは人間にとってのほんの部分的な能力にすぎません。しかしいまの社会では、それがすべてであるかのような人間評価が行われているのです。

このことに疑問を抱いた鈴木さんは、いわゆる「頭の悪い子」ばかりを集めた学習塾を開きました。「頭が悪い」とは言っても、それは勉強に興味と必要性を感じていないだけのこと。もし別な角度から何かに興味を抱かせるなら、秘められた才能を開花させてくれるにちがいないと思ったからでした。

そうは思っても、実際には大変でした。鈴木さんはこう言っています。

「犬や猿のような知能の子ばかりで、今の学校ではその子の表面に出ている能力しか見ませんから、頭の悪い子は犯罪者扱いされています。

中学になってもグリコのおもちゃのようなモノを集め、勉強かばんはいつもどこかに忘れて来て、かけ算の九九も満足に言えないのです。こんなレベルの子は勉強どころの話ではありません」

そんな状態ですから、塾で勉強を教えても意味がありません。そこでさまざまな手を使って、ひたすら能力開発に挑んだのでした。すると…、

「オール1の子が半年後にはオール2になり、1年後には3や4になり、入試までには何とか間に合って、普通の人がうらやむような高校に合格するのです。親御さんは泣いて喜びます。脳のレベルが変わると、子供たちの顔が別人のように変わります」

こうして鈴木さんは、「頭の悪い子」たちを次々と変身させていきました。その数3000人以上が一流高校や大学に合格していったと言います。そし

て、なぜこんなに能力開発に夢中になったのか、それに対してこう言います。

「自分のためだけなら、これほど深く、能力開発の研究はできなかったと思います。可能性があるのに本当の力を出し切れていない多くの可愛い生徒たちが目の前にいましたから、この子等を何とかして救ってあげなければ！という一心でした」

ここでは「頭の悪い子供たち」の変身ぶりを紹介しましたが、この大変身は誰にでも起こりうることです。重度の脳障害のルナちゃんにも、それは起こりました。しかもこの鮮やかな変化は、左脳的な努力で起こるのではなく、右脳を活性化して高レベルの意識にジャンプすることで起こります。

そしてそこから、誰の中にも眠っているその人ならではの「天の才」が目覚めていきます。「能望」は、そのための一つの飛躍台と言えるでしょう。

実際、子供に「能望」を実践させた結果、目覚ましい変化が生まれてきたという報告が早くも寄せられています。「能望」がまず引き起こすもの、それは、「自分の中の天才を目覚めさせる」ということです。

What:2

天賦の免疫力が蘇る（健康）

生命、そして人間の体は、絶えず元気でいよう、元気になろうとしています。それが最初からすべての人に与えられた、天賦（てんぷ）の免疫力です。しかしその力を超えた何かが作用したとき、人は病気に陥ります。ゆえに病気を治癒する基本は、免疫力、治癒力を高めていくことです。

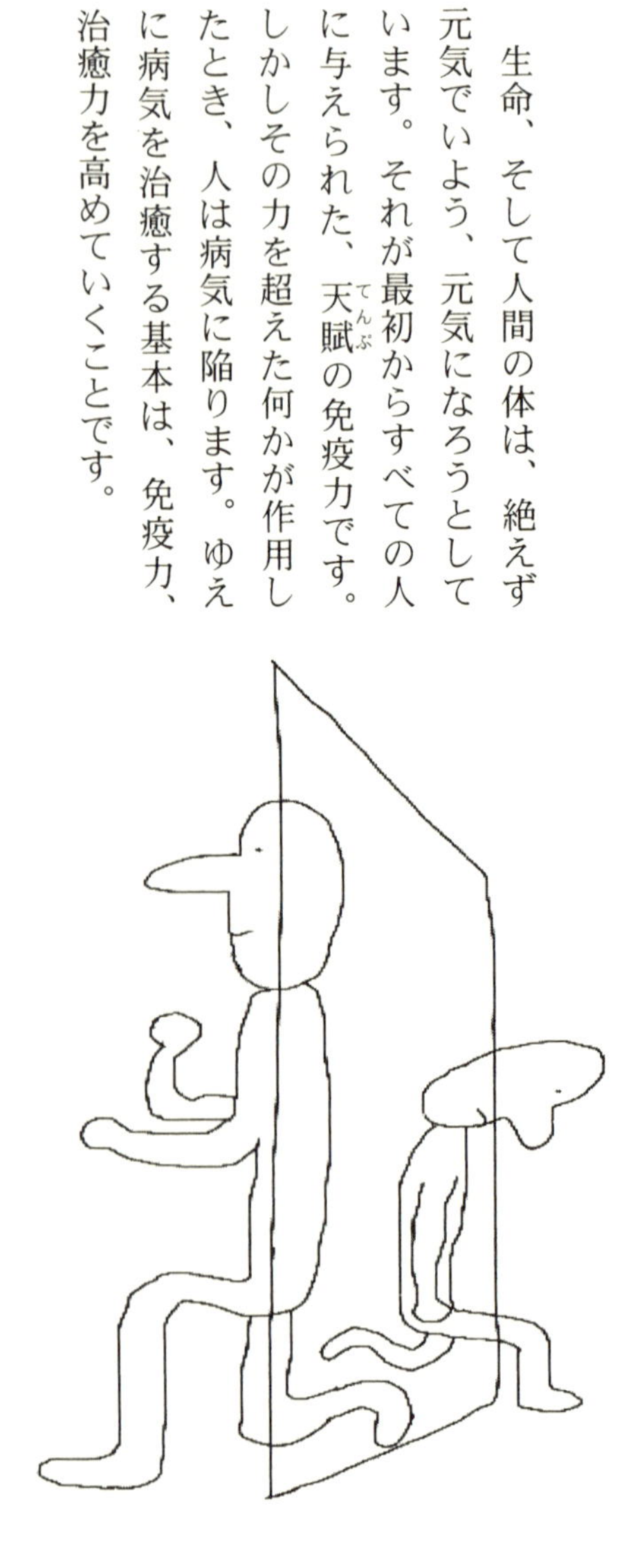

ところが、人体を精巧な生理学的な機械、あるいは単なる生化学反応の総体としか見ない現代医学は、ともすれば免疫力を無視、軽視しがちです。ましてその背後に深く潜む、生物エネルギー場（バイオフィールド）などにはまだ気づきもしません。しかし最先端医学は、電場や磁場と人体の健康状態に着目し、「エネルギー医学」として病気の実相を探求し始めています。そして現在の最先端医学では、このエネルギー医学が生化学的医学と並んで、医学研究の新しい大きな柱になってきているのです。

ラズロー博士も、このように言っています。

「私たちの体の機能、構造、生化学、そしてこれらすべてと電磁気的バイオフィールドとを結びつけている相互作用の連鎖には、最新の科学的世界観が到達した『量子真空ホロフィールド』という新しい要素を追加しなければならない。あらゆる生き物と同じく、人間の体も、この場の中に埋め込まれ、その場と絶え間なく相互作用しているのだ」

ややこしい話になりましたが、最先端科学がイメージする「量子真空ホロフィールド」とは、ホーキンズ博士の言う「意識のデータベース」であり、また空海がパワーを引き出した「虚空」と言えるのかもしれません。いずれにしても、私たちの身体はそのエネルギーフィールド（場）の影響を受けることで、健康に過ごせたり、病気になったりするようです。世の中には時々「奇跡的な回復」といったことが起こったりしますが、それはたぶん、高レベルのエネルギーフィールドに触れることによって起こるのでしょう。

ホーキンズ博士は「健康とパワーの関係」について、こう述べています。

「元気はつらつとした健康な身体は、高いエネルギーのアトラクターパターンに沿っています。逆に弱いパターンに沿うと、結果として病気を招きます。高いパワーのエネルギーパターンは、脳のエンドルフィンを放出して、すべての臓器を活発にさせるので、体は強く反応します。逆に、低いエネルギーパターンによる刺激は、アドレナリンを放出して免疫反応を抑圧するので、即座に体は弱く反応し、そして刺激の性質によっては特定の臓器に支障を引き起こすことさえあります」

そして、私たちがどのレベルのパワーの影響を受けるかは、私たちの意識

（思考）のあり方と、態度（心のあり方）によって決まると言うのです。

ちなみに、「怒りや嫉妬、敵意、自己憐憫、恐怖、不安などのネガティヴな態度が慢性化すると、結果として病気を引き起こし、パワーが弱化する」と言います。ストレスが多く、不安が渦巻く現代社会は、その意味で病的なエネルギー（フォース）にあふれ返った社会と言えるかもしれません。それだけに、免疫力を高める高レベルのパワーを自らの中に取り戻すことが、現代に生きる人にとって何よりも必要なこととは言えないでしょうか。

「能望」に関わる、素晴らしい事例を紹介します。

筆者の知人は末期ガンを宣告されましたが、入院せずに「微量ミネラル」を多量に摂取し、2ヶ月足らずですっかり健康を回復しました。この場合、生化学的なパワーは微量ミネラルが授け、意識や心のあり方は「高意識」によるパワーアップで修復されたと思われます。こうした事例はよく「奇跡的」と言われますが、決してそうではありません。「元気になりたがっている体」にその機会と環境を与えさえすれば、これは誰にも起こりうることです。天賦の免疫力が蘇りさえすれば、誰もが健康に生きることができるのです。

What:3

ツキと運が微笑む(お金)

成功とか幸せというときに、そこには決まって「お金の問題」が出てきます。お金がないと生きていけない社会では、お金が成功と幸福感のためのバロメーター、最低必要条件になっているからです。

ところで、お金に恵まれるには、いったいどうしたらいいのでしょうか。

そもそも、鈴木さんが「能望」を伝え始めたのは、間近でお金に困って苦しんでいるたくさんの人たちを見たからでした。そしてそれこそが現代に生きる人々が共有する、非常に重要な問題と実感したようです。

お金は降って湧いてくるものではありません。お金は自らが稼ぎ出すもの。ゆえに、お金に恵まれるには、ビジネスに成功するしかありません。

そう考えた鈴木さんは、自らビジネスにチャレンジし、成功パターンを作り出すと同時に、その成功法としての「能望」を広めていったのです。

鈴木さんがトライしたビジネスは、インターネットを使ってやるものでしたが、それだけがお金に恵まれる道ではありません。どんな仕事であっても、どんな会社や立場にあったとしても、ツキや運に恵まれれば、その結果としてお金がついてきます。お金を稼ぎ、お金に恵まれるということは、要するに、いかにして運やツキを味方につけるかということと同義です。そして、ツキや運に恵まれるひとつの方法として、実は「能望」があるのです。

問題は、「能望」が、なぜツキや運を呼び込むのかということですが、これについては改めて説明するまでもないと思います。結論を繰り返し言えば、「能望」がポジティヴな生き方考え方を呼び起こし、私たちを高レベルの意識に誘ってくれるからです。そして高レベルのパワーによって、思いがけないいい出会いや、ラッキーな出来事に恵まれるようになるからです。

要注意事項は、「欲望のレベル」に留まらないことです。というのも、エゴや損得だけで走っては、クリエイティヴな真のパワーが発揮できる200のレベルを越えることができないからです。「能望」によってラッキーなことが起こったりもしますが、やがてひどい目に遭ったりするのは、欲望、怒り、プライドのレベルに留まっているからと考えるべきでしょう。

「宇宙船地球号」の名付け親、そしてたくさんの独創的な発明をし「20世紀のダヴィンチ」と言われた天才科学者、バックミンスター・フラーもまた、「お金を稼ぐ秘訣」に関して、次のように述べています。

「もし自然（宇宙）が願っていること（宇宙の進化にかなうこと）を、私が行っているとしたなら、自然（宇宙）はその仕事を評価し、私の仕事を経済的に支持してくれるだろう」

こう考えたフラーは、「生活費を稼ぐ」ということに関心を持たず、ひたすら「人類の効果的な生活改善＝宇宙進化の方向」に役立つ仕事に没頭しました。ここまで来ると宗教的、オカルト的なものに思われてしまいそうですが、しかしフラーはその果てに、必要とする生活費には全く困ることもなく、数々の独創的な素晴らしい成果をあげることができたのでした。

この事例は、高レベルの意識で仕事をしていれば、お金は黙っていても回ってくることを物語ってくれています。フラーほどまでにはいかないとしても、こうしたことは多くの方々が経験しておられるのではないでしょうか。

鈴木さんの場合も、まさにそれだったようです。鈴木さんは我欲でビジネスをやったわけではありません。学習塾の後、鈴木さんはやがて畑違いのビジネス分野に踏み込み、そこで成功モデルを作り出しました。初めてのビジネスで鈴木さんが成功できたのは、高レベル意識の結果と言えるでしょう。そして周辺でも、早くも成功事例が生まれていると言います。

「能望」には、どうやらお金を引き寄せるパワーが備わっているようです。

What:4

何が起きても大丈夫（平気）

天災、犯罪、事故、病気…。いまという時代、そしてこの社会には、いつどんな災難に巻き込まれてもおかしくない不安が募っています。

実際、集中豪雨や台風、地震等々で、あっという間に家や仕事を失った人も数多くいます。明日のことは、まさに分かったものではありません。

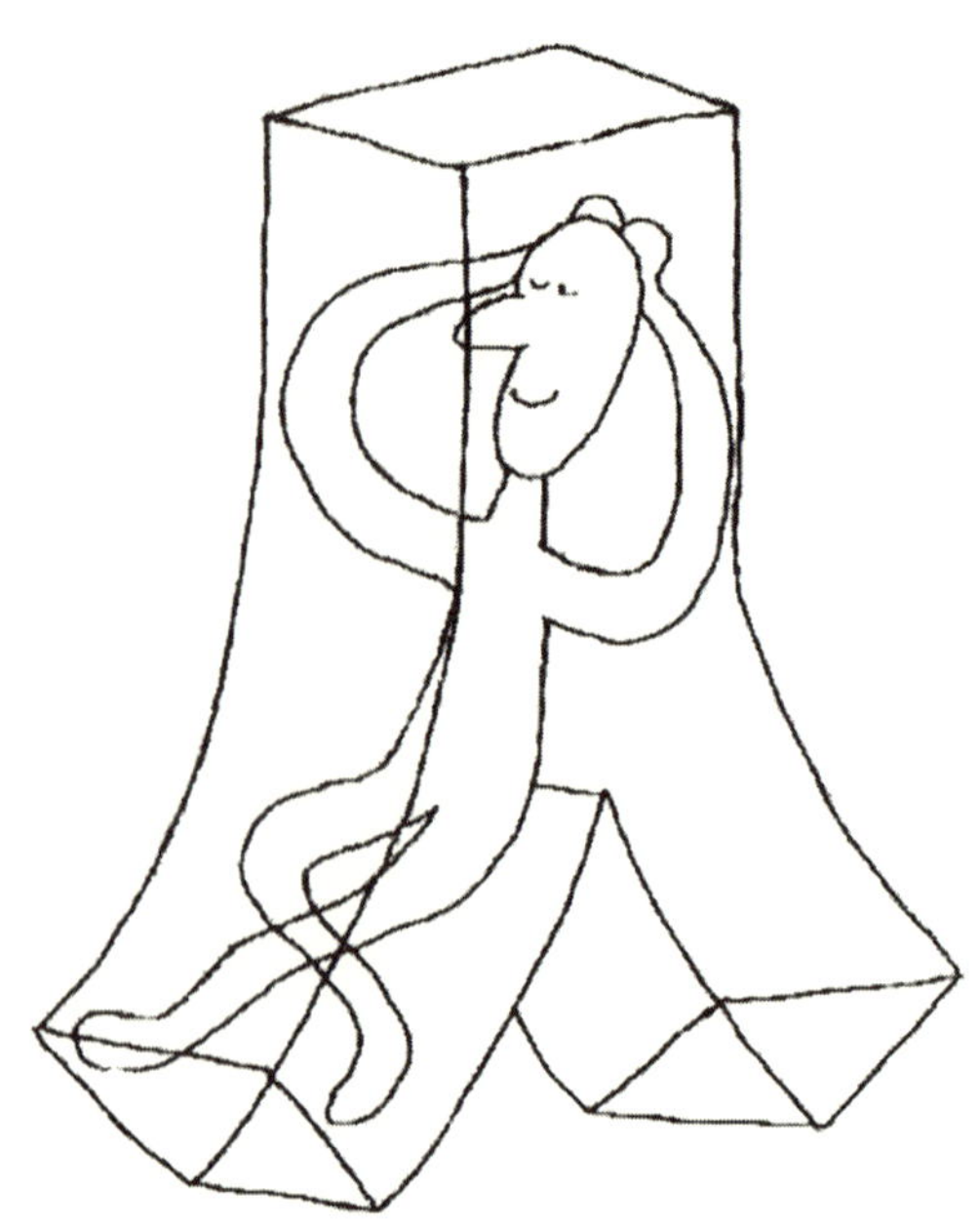

そんな時代を生きるには、どうしたらいいのでしょうか。思いがけない災難に巻き込まれずに済むには、何が必要になるのでしょう。このことが、現代人すべての、とても重要なテーマになってきているような気がします。

いちばんいいのは、もちろん災難と無縁でいられることでしょう。また、たとえ災難に遭遇してもうろたえず、落ち着いてその災難を切り抜けることができるなら、それはそれでオーケーです。身の回りに起こるさまざまな出来事に深い意味を見いだし、そこから何かを学び取ることができたとしたなら、そこから高い意識へのジャンプが可能になったりもします。

「起こること、すべてベスト」という考え方があります。これは、自分の身の回りに起こってくることにはすべて深い意味があると考え、だからそれを丸ごとそのまま受容して生きるという生き方です。そこには、限りなくポジティヴなスピリットが息づいています。

ある覚者が言いました。

「陽気なのもダメ、陰気なのもダメ。大事なことは、何があっても平気でいること。嬉しいことがあっても有頂天にならず、ひどいことが起きても決して落ち込んだり、悲しんだりしない。平気、自然体で生きられるようになることが、人生の到達点なんだ」と…。

キネシオロジーによる意識レベルから言えば、逆境に遭ってもくじけずに立ち直り、その経験から学んで自己修正していくことができるのは、エネルギーレベル310の「意欲」からです。また、人生をあるがままに受け入れることが可能になるのは「受容」(350)からであり、「愛」(500)は何が起きても生きることの素晴らしさを忘れず、ポジティヴな姿勢を増加させてくれます。

つまり、意識レベルが高まれば高まるほど、試練や苦難に落ち込んだりしなくなっていきます。また高レベルの意識に留まることができたとしたら、災難さえ近づいてこなくなるのかもしれません。

ということは、天災、犯罪、事故、病気等々の思いがけない災難に巻き込まれずに済むためには、意識レベルを高める以外にないとも言えそうです。

そしてそこに、「能望」の存在理由も出てきます。

ただ、旧約聖書の「ヨブ記」のように、より高い意識レベルに覚醒させるために、あえて神様がとんでもない災難に遭わせるといったこともあるのでしょう。だからこそ、「起こることすべてベスト」と考えて、そこから深淵なメッセージを読み取り、自己修正していく姿勢も必要なのだろうと思います。

空海は、凄まじい嵐に遭いながらも、無事に中国航路を往復しました。そのときの試練の嵐は、空海の意識レベルをより高めるためのものだったかもしれません。実際、人生では、それに似たことが多々起こります。多くの成功者の経験の中には、信じがたい苦難があったりもします。イエスキリストも、十字架の磔刑(はりつけ)を越えた彼方に、輝かしい復活がありました。

いずれにしても、災難を避ける秘訣、災難を越えていくポジティヴなパワーは、高レベルの意識にアクセスするところから生まれ出ると言えそうです。実際、「能望」を始めると意外とラッキーなことによく恵まれます。用心し、警戒し、疑いを抱くことが災難から身を守る決め手ではありません。むしろ「信頼・愛情・慈愛」へと意識を高めることこそ大切なことなのです。

What:5

そして日本、地球が変わる

「能望」が日本を、世界を変える…などというと、「なんと大げさな！」と笑われそうです。確かにそうかもしれません。しかしいまという時代が、カオス（混沌）から新たなコスモス（秩序）を生み出すターニングポイントでもあることを考えるとき、あながちウソとも言えません。

いま、世の中がいよいよ混沌としてきていることは、誰にも実感できることではないかと思います。

すなわち、地球環境の破壊が進んで気象異変や天変地異が続発し、経済のグローバル化が進んで貧富の格差が拡大、また残酷な熱い戦争が火を噴いて不安感と先行き不透明感が高まり、そして不気味な疾病や感染症があちこちに広がっている現況(いま)…、これはまさに混沌と呼ぶにふさわしいでしょう。

しかもこれは世界の趨勢であるだけでなく、個人的にもカオス的状況が高まってきています。そしてこのカオスこそ、新たな秩序パターンを生み出していく格好のチャンスでもあるのです。


ちょっとややこしくなりますが、カオスの意味するものを考えてみましょう。宇宙物理学者のラズロー博士は、カオスについてこう説明しています。

「いま地球はひとつの限界点を迎えており、私たちは急激に不安定な時代に足を踏み入れようとしている。が、システム理論やカオス理論によれば、複雑系の発展には、安定期と不安定期、連続性と非連続性、秩序とカオスがつきものなのだ。カオスは分岐を引き起こし、分岐では突然のパターン変化が青天の霹靂のように現れ、システムは非常に敏感な状態になる。そしてそのようなカオス状態では、ほんの小さな揺らぎでさえ、非常に大きな影響を全体に及ぼすに至るのだ（バタフライ効果）」

分かりやすく言えば、社会が安定しているときは個々の意識が社会に影響を与えることなどほとんどないけれど、カオス期に入ると個々の願望や価値観、世界観などの非常に小さな変化にも、社会全体が大きく反応し始めると言うのです。そしてそれがいま、私たちの生きている時代なのだと…。

ホーキンズ博士もまた、いまという時代を同じように見ています。

つまり、人類は歴史を通して徐々に意識レベルを高めてきて、人類全体としての意識レベルは何世紀もの間190に留まったが、それが１９８０年代の半ばに突然207というレベルにまで高まった。200というのは、破壊的なフォースから創造的なパワーへとシフトチェンジする重要な数値ですから、人類は歴史上初めて希望のレベルに到達したというわけです。

そんな中で、混沌状態がピークに達しようとしているのです。ということは、個々の意識アップが全体に影響を与えうるということです。その結果、全体の意識レベルが少しでも高まるとしたら、そこからポジティヴな展開も期待できます。個々の小さな意識変化が、全体の進化に寄与しうるのです。

私たちは、何よりも自分自身の幸せを、さらに願わくば家族や友人たちの幸せもを願っています。そしてたとえ小さくても意識が進化すると全体に影響を及ぼし、全体がレベルアップされると、それが再び「私」にもフィードバックされてきます。その意味で、私たちは日本や世界、そして宇宙的な進化に参加でき、しかもみんなでその恩恵に浴することができるのです。

『能望』の中で鈴木さんは、「能望」を人に伝えると「感謝」という最高レベルの徳があなたに返ってくる。計り知れない徳が宇宙の意識に蓄積されていくと言っていますが、それは「すべてが奥深いところでつながり合い、影響し合っている」（ラズロー博士）からです。そしてあなたの意識が高まれば、個人的な幸せの実現だけでなく、いまのこのカオス期にあって、日本を、地球を幸せな方向にシフトさせる影響をも与えることができるのです。

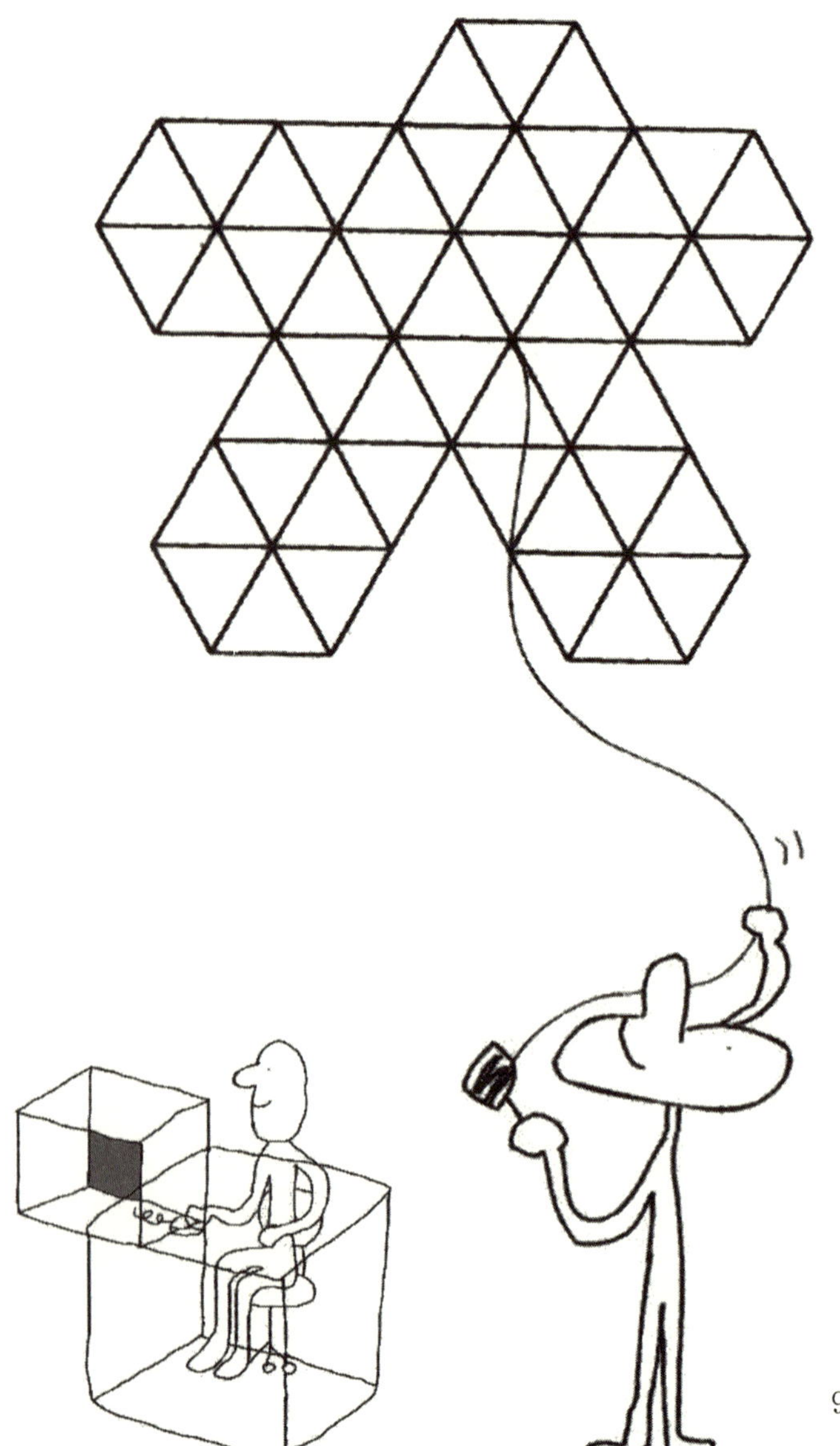

おわりに

すでにお分かりのように、「幸せを呼ぶ暗号」とは、「のうぼう…」から始まるごく短い呪文?のことです。この言葉（経文）は中国語の漢字でも表されていますが、何よりも大切なのは原語サンスクリット語（梵語）の「その響き」であり、かつそこに秘められている「響き（言葉）がもたらす（意味する）もの」でしょう。そう考えながら、いつかその深い意味を知りたいなぁ…と思っていたところ、ひょんなことからそのきっかけが得られました。

というのも、11月中旬に仕事で大阪に出かけたときに、久しぶりに友人と会って何気なく密教や「のうぼう」の話をしてみたところ、なんと、彼のお父さんが梵語の大家であったことが判明したのでした。

彼の実家は歴史的由緒ある古いお寺で、寺では昔からチベット密教の修行僧とも交流してきていました。しかもお父さんは、大学で梵語を教えたりもしてきたようです。が、もうすでに高齢に達しておられるよし。「でも、梵語の話を聞きたいと言ったら必ず熱弁をふるってくれるはず」ということでしたから、そのうちに訪ねて、お話をお聞きしてみたいと思っています。
帰ってから、札幌の友人の写真家にその話をしたら、今度はその彼が「いい人を紹介する」と言い出しました。彼が紹介するその人物もまた「密教」に関する大変な大家であるようです。こうしてここ最近、なぜか「のうぼう」に関する情報とつながりが続発し始めています。

何かを強く願っているとき、こうした現象がよく現れます。これをユングは「共時性（シンクロニシティ）」と呼びました。そのユングが示唆した「集合無意識」が、いまや最先端科学の成果として「意識のデータベース」（ホーキンズ博士）、「量子真空ホロフィールド」（ラズロー博士）などと呼ばれたりもしています。そしてその神秘的なパワーの根源に、１２００年前の空海は「虚空蔵（こくうぞう）」を通じてアクセスしたのでした。

しかし永い期間、虚空（コスモス）へのアクセス方法は閉ざされていました。いえ、その道（方法）を知っていた者はいたはずですが、それは一般大衆のものとはなりませんでした。ほんの限られたいわゆる「天才」たちだけが、そこから創造的なパワーを得て、驚くべき世界を見せてくれたにすぎませんでした。

しかしいま、誰もが「内なる宇宙」のトビラを開くことができます。

「ありがたいなぁ、ツイてるなぁ、豊かだなぁ、幸せだなぁ、嬉しいなぁ」と、繰り返しつぶやいているだけでも、高い意識レベルへのトビラは開きます。

また、パワーのある人やモノに接しても、一時的にそれは可能でしょう。

しかし何よりも大切なのは、「私そのもの」が高レベル意識に立つことです。

そしてそのための一つの方法として、かつて空海が活用した「虚空蔵求聞持法」（のうぼう）があるとも言えるでしょう。


「能望」は決して宗教ではありません。しかし宗教や哲学、科学、技術などがその歴史を通してあくなく追い求めて来た、「幸せへの道」を開いてくれるカギが、そこにはあります。しかもこのカギは、誰もが簡単に使えるものです。そこに難行苦行は必要ありません。お金も全くかかりません。それでありながら、おやっ？と思うような希望と喜びが芽生え出します。

もちろんこれだけで完璧、万全とは言えないとは思いますが、少なくても違った何かが起こりだしていくことだけは分かっていただけるはずです。

しかし「のうぼう」と唱えながら、逆に左脳的な方向に走って行くこともあるようです。熱心に唱えた数を数えたり、自らそれを窮屈に義務化して縛られたり、カギのメカニズム（理屈）だけに関心を抱いたりするケースです。

また、嬉しいことが起こったりすると有頂天になり、傲慢になったり、競争したり、差別をしたりもしがちです。が、これでは「幸せを呼ぶはずの暗号」も、クリエイティヴなパワーを発揮することができません。

すでに紹介したように、「能望」は競争して、誰かに勝って、お金を得て、偉ぶるための暗号ではありません。それは、自らの内なる「生のプログラム」を正常化させ、最初から自分の内に潜んでいるパワーを引き出してくれる回路です。この方向に進むときにのみ、「能望」は生き生きと自らの内なるパワーを引き出してくれると言えるでしょう。

「空海」という名がこの世に出現してから、今年でちょうど１２００年になりました。そんな記念すべき年に『能望』の出版があったことに、不思議な縁と共時性を覚えたりもしています。

この本はその『能望』へのいわば入門書であり、それだけにできるだけお気軽にお読みいただけるよう、中村国昭さんの楽しいイラストも添えてみました。彼もまた、筆者の「不思議な友人」の一人です。

アーヴィン・ラズロー博士は『マクロシフト』の中で、こう述べています。

「１９６０年から始まったグローバリゼーションのストレスが高じて、２００１年から政治の世界で紛争が始まり、経済のもろさが露呈し、社会は不穏になり、気候や環境の問題が深刻になった。社会全体がマクロシフトのカオス段階に入ったのだ。このプロセスがこのまま続けば、世界は崩壊するだろう」

実際、崩壊の危機感が高まり、このままでは暴力と無秩序の時代に突入しそうな気配です。しかし博士は、「進んだ意識を基にした新しい思考法」が生まれるとき、社会は創造的になり、平和でサステナブルな文明の到来もありうると述べています。そして、その「希望の好転」が訪れる年は、2005年からであろうと…。つまり私たちは、「崩壊か、創造か」という歴史的転換点に、いま立っていることになります。

それだけに、本書が「幸せを求める人々」に広く行きわたり、その結果、いまや歴史的な重要なターニングポイントにあるこの社会全体が、より幸せになってくれますようにと心から願ってやみません。

執筆という作業もまた、ひらめきや発見に誘われて進むものです。その執筆に際しては、妻陽子からたくさんの示唆と配慮があったことに感謝しています。

そして何よりも、この本をいま手にとって下さっているみなさまに心から感謝申し上げます。そしてみなさま方の幸せを、切にお祈りいたします。（稲田　芳弘）

のうぼう
あきゃしゃ
ぎゃらばや
おん
ありきゃ
まりぼり
そわか

『幸せを呼ぶ暗号』について

四つ葉のクローバーは、実は誰にでも見つけ出せる可能性があるはず…。本書で著者の稲田は、そう語っている。その根底には、波動の存在や潜在世界があり、「ゼロ・ポイント・フィールド」という量子論の世界が展開すると考えているからである。

潜在意識のバグを修正すること…そうすれば、潜在意識から「ふしぎな働きとパワー」が湧き上がってくる。本書では、そこから世界の変容が始まると示唆し、さらに、心の方向性の選択いかんで発揮されるパワー（質）も変わってくるとしている。まさに潜在意識の世界にも、核心をついた「歩き方」というものがあるのだろう。

しかも、その背後には、後に講演活動のテーマにもしていた「カタカムナ」の相似象や潜象物理の世界観が自然と投影されているのも興味深い。

本書は再販のご要望が多く、そのご期待に応えたいと刊行が企画されていたが、この度、その機運を得、実現の運びとなった。いつでも新しい発見のある「幸せのアプローチ」として皆様のお役に立てるなら、こんな幸せなことはない。

２０１７年11月

夫、芳弘の7回忌の年に…愛と感謝と祈りの中で

稲田陽子

profile　稲田芳弘

新潟県長岡市出身。ジャーナリスト（～2011年）。大学在学中からライター活動を始め、環境、農業、食をテーマにヨーロッパ、アフリカなど世界各地を歩く。その後札幌に移り住んで会社を設立し、各種企画、編集、制作などを手がける。主な著者共著に『ガン呪縛を解く』『ソマチッドと714Xの真実』『癌では死なない』『VDI革命』『Y2K最新最終事情』『Y2Kサバイバルシフト』『オンリーワン』などがある。「千島学説」復権の火付け役とも言える『ガン呪縛を解く～千島学説パワー　第6版』を出版した2006年にガン患者をサポートするガン情報センター「じあいネット」を設立。ガンとともに共生しながら、多数の講演や執筆活動を行なうかたわら、人気ラジオ番組『ガン呪縛を解く時間』（ラジオカロスサッポロ及びじあいネットHPでライブ放送）で自らパーソナリティを務める。
http://www.creative.co.jp

幸せを呼ぶ暗号

2017年11月11日　初版発行

著　者　稲田 芳弘
発行者　稲田 陽子
発行所　Eco・クリエイティブ
〒063-0034 札幌市西区西野4条10丁目10番10号
Tel&Fax 011-671-7880
http://www.creative.co.jp

ISBN978-4-9909592-9-6